ラスト
コロニー
西サハラ

Itsuko Hirata
平田伊都子
JOURNALIST

LAST COLONY
IN
AFRICA

Kiju Kawana
川名生十
PHOTO JOURNALIST

西サハラ難民キャンプの女の子

社会評論社

①アフリカとアラブとスペインと混じって、色とりどりの美人が多い西サハラ

②男女共学の西サハラ難民小学校、机が足りないんだけど…

③息子の民族衣装を繕う母、西サハラ難民キャンプで

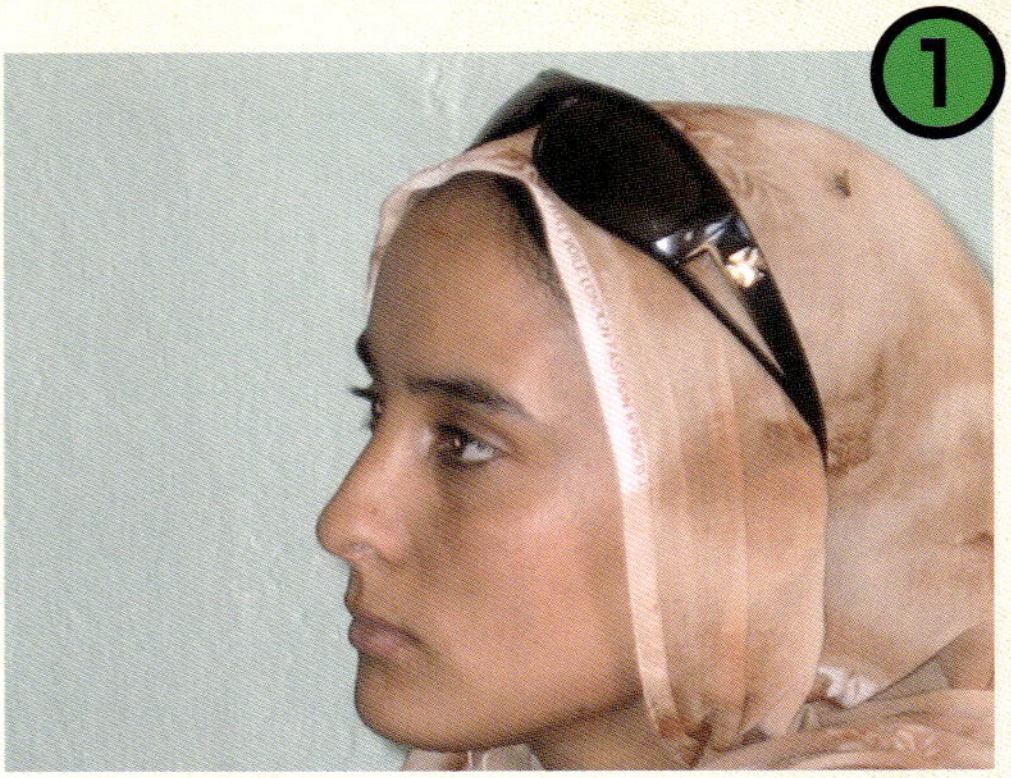

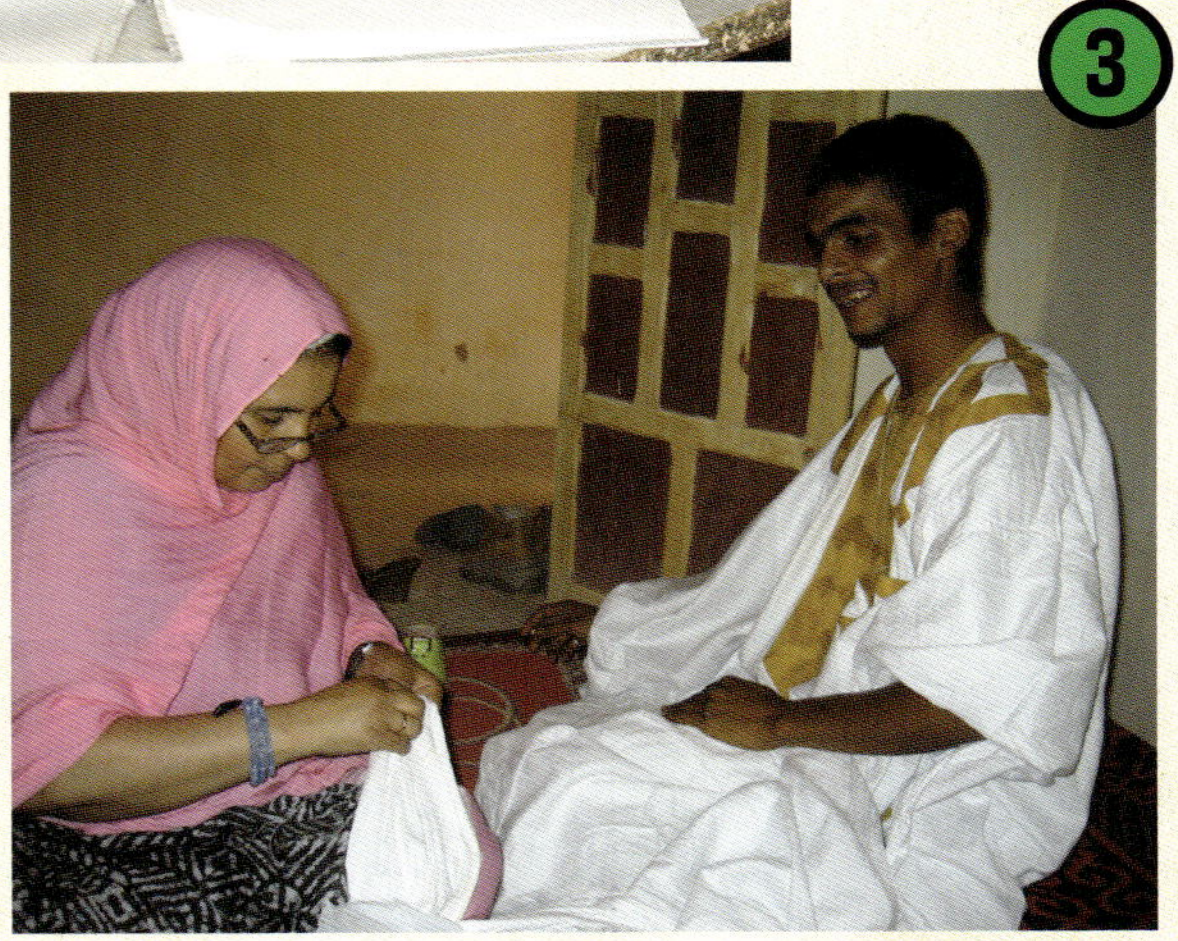

④

⑤

④難民キャンプでは、水ほど貴重なものはない。僅かな残り水で食器を洗う

⑤フイゴで火を熾して、西サハラ式お茶会の始まり～！

⑥五つある西サハラ難民キャンプ群のうちの一つ

⑦モロッコ戦闘機の残骸の傍で、お茶にする砂漠の民。西サハラ解放区で

ラストコロニー西サハラ＊目次

第4章　モロッコ王の方便はおかしいぞ！

まえがき

日本人の殆どが西サハラを知らない。
西サハラがどこにあるのかも知らない。
まして、その西サハラがアフリカ最後の植民地であることなど、知る由もない。

かくいう筆者もつい最近まで、西サハラの存在をまったく知らなかった。1992年、サハラ砂漠の遊牧民トアレグ民族を取材しようと調べていた時、同じ遊牧民の西サハラ民族が祖国を追われて難民生活をしていることを初めて知った。そしてその難民が〈国連西サハラ住民投票〉をするため、アルジェリアにある難民キャンプから500キロメートル離れた祖国のオアシスまで大移動をする予定だという。十数万人の遊牧民が家畜を引き連れてサハラ砂漠を渡って行くのだ。これは現代のアブラハム一族大移動か、はたまたモーゼの大出国かと、筆者のイメージは勝手に膨れ上がっていった。

同じ年の1992年に、初めて西サハラ難民キャンプを取材した。しかし、その年には〈国連西サハラ住民投票〉は行われなかった。次の年も西サハラ難民キャンプに出かけた。が、〈国連西サハラ住民投票〉はなかった。その次の年、今年こそはと出かけたが、なかった。次の年も次の年も出かけたが、なかった。そのうち国連も国際社会も筆者も、アメリカが仕組んだイラク戦争に振り回され、〈国連西サハラ住民投票〉のことなど忘れてしまった。

2007年、5年ぶりに15回目の西サハラ難民キャンプ訪問をした。驚いた！　何も変ってないのに驚いた。西サハラ難民は相変わらずボロボロのテントで〈国連西サハラ住民投票〉を信じて待っていたのだ。

それから再び、筆者の西サハラ詣でが始まった。

2015年3月29日、西サハラ難民軍の古参兵士たちは貧しい軍事演習をやって「もう国連投票を待てない！　いざとなったら銃を取る」と、国連にアピールした。待ってましたとばかりにモロッコは、「西サハラ難民キャンプはテロの温床だ。北アフリカのイスラム過激派を始め、過激派組織ISにまで戦闘員を送り込んでいる」と、捏造宣伝を始めた。そう言うモロッコのほうが、過激派組織ISに1500人以上の戦闘員を送り込んでいるのだ。ロンドン・キング・カレッジの国際急進主義研究センターICSRが2015年1月26日に発表した数字によると、過激派組織ISの外国人戦闘員は20、730人で、トップがチュニジア人の1、500～3、000、モロッコとサウジアラビアが1、500以上と、2位を争っている。西サハラ出身の〈戦争おたく〉や〈戦争出稼ぎ人〉は報告されていない。

第1章　ラストコロニー

（1）アフリカ大陸は植民地だった

アフリカが世界中の人々に、親近感と尊敬の念を持って受け入れられるようになったのは、バラク・フセイン・オバマ、アフリカ系アメリカ大統領が誕生してからだ。21世紀に入っても、イギリスの黒人移民は道路掃除程度の下働きしかなく、ロシアの黒人留学生たちは白系ロシア人たちの言われない暴力に脅えていた。イラク戦争でアメリカ軍は黒人兵を矢面に立たせていた。ところが、２００９年、アメリカ黒人大統領オバマが誕生したのだ。ケニヤ生まれの黒人を父に持つアメリカ黒人大統領オバマは、黒人主導の公民権運動を支援し諸々の人権団体を率先してホワイトハウスに招いた。アフリカ系アメリカ大統領オバマはホワイトハウスをブラックハウスに塗り替えた。アフリカは最後の植民地を解放して、ブラック大陸をレインボー大陸に輝かせることができるのだろうか?。

いまさらながら凄いアフリカ大陸

アフリカは日本から、過激派組織ＩＳとの距離８、５００キロメートルよりもっと遠く、アフリカ中央部とは14、000キロメートル、西サハラとは16、500キロメートルも離れていて、日本庶民には縁が薄い。しかし、日本政府が膨大な税金をアフリカ開発会議TICADなどにつぎ込んでいる。商売大国日本が大金を貢ぐのは、それ相応の見返りがあるからだ。金を取られる納税者の庶民としては、振込先のアフリカを知っておきたい。まず、アフリカ大陸の全体像を見ていこう。

アフリカ大陸は、広大なサハラ砂漠を境にして、北をホワイトアフリカ、南をブラックアフリカと簡単に2分割して呼ばれることが多い。北部ホワイトアフリカの地中海沿岸には、たくさんのギリシャ・ローマ遺跡やオスマン・トルコ遺跡が残っている。が、サハラ砂漠以南のブラックアフリカではヨーロッパの白人たちも文明の軌跡を発見できなかったので、〈暗黒大陸〉と仇名し、未開の野蛮な所と見下してきた。とんでもない！　アルジェリア東部タッシリ・ニジェールの岩窟には、約8000年前にトアレグ族が描いたと見られる壁画が残っている。そもそも、人類の元祖・ネアンデルタール人はエチオピアで発見された。ということは、人類発祥の地はアフリカということになり、祖先を敬うことが好きな日本人庶民はアフリカに足を向けて寝てはいけない。

アフリカの天然資源は凄い。アフリカ人の身体能力は、全人類の中で一番凄い。オリンピックでメダルを獲得するのは、白人の国に住む黒人だし、箱根駅伝でごぼう抜きしていくのはケニヤのマラソン・ランナーだ。

国連ではアフリカ56か国を北アフリカ、西アフリカ、中部アフリカ、東アフリカ、南部アフリカと、5区に分けている。193国連参加国のなんと、約30%に当たる凄い勢力だ。アフリカの潜在能力は、未知数であるだけに空恐ろしい。

奴隷貿易

奴隷ほど不幸なものはない。奴隷ほど屈辱的なものはない。

アフリカ系アメリカ大統領オバマは、就任して初めてのアフリカ帰郷の際、同行の娘2人や一族郎党を、ガーナのゴールド・コースト砦にある奴隷積出港跡に引率した。「よく見とけよ!」と、オバマは娘たちに、黒人奴隷の悲しい爪痕を指差した。

同じ砦で筆者が奴隷部屋の小さい明り取り窓を見上げていた時、観光にきていた黒人アメリカ女性が「クソッタレ！　クソッタレ!!」と、泣き喚いていた。

ブーゲンビリアの赤い花に飾られたセネガルの奴隷島ゴレには、今も奴隷の家や奴隷商人居住跡が残されていて、フォトジェニックな観光地になっている。

2013年6月26日21時5分（日本時間）、その奴隷島ゴレにある奴隷出荷口に、第44代アフリカ系アメリカ合衆国大統領オバマが立った。この出口から、1815年に奴隷貿易が中止になるまで、アフリカ黒人奴隷が奴隷船に移されたのだ。ゴレ島を出発した奴隷運搬船は、カリブ海のアンティル諸島に向けて長く悲惨な大西洋航海を続ける。奴隷売買が行われた期間に12、000、000から20、000、000ものアフリカ黒人が奴隷船に乗せられたが、そのうち1500、000から2000、000は航海の途中で死んでいる。昼は鎖に繋がれ櫓漕ぎをさせられ、

セネガルの首都ダカールにある奴隷島。これは、ユネスコの世界遺産に登録されている。

夜は船倉に箱詰めにされ、死なぬよう暴れぬよう食事は最低限に抑えられていた。

航海の最中に、奴隷が反乱を起こしたこともある。何人かの奴隷が夜中に決起し鎖を切り、看守を殺し甲板に飛び出す。反乱はすぐに察知され、甲板への出口は全て塞がれ、甲板にいる見張り番が反乱首謀者たちに銃を乱射し八つ裂きにしたあと、船倉内で息をひそめている奴隷たちに見せつける。これが奴隷船内での一般的な反乱劇で、殆ど成功していない。

まれに船内反乱が成功しても、複雑な大型帆船を操縦できないため、奴隷たちの奪った船は大海を彷徨い、全員が飢えて死んでいったという。「タマンゴが起こした奴隷の反乱は成功したが、操縦者のいない船は海に漂うしかなかった。数週間後に通りかかったイギリスの船舶がマストも帆もないこの船を見つけた。甲板にミイラのようになった生存者が一人いたが、こと切れてしまった。タマンゴだった」と、１８２９年に、〈カルメン〉で有名なフランスの作家メリメが、残酷な実話を小説にしている。

２００７年、奴隷貿易廃止法成立から２００年を迎えた英国で、奴隷貿易の謝罪をした。しかし、謝罪はリップサービスで、賠償金を払いたくない旧植民地支配国・英国が、賠償金を払わせたいＡＵアフリカ連合に、釘を指したにすぎなかった。

ところが、２０１３年になってカリブ海域14か国が植民地支配をしていた旧植民地支配国であるイギリス、フランス、オランダに対して、奴隷貿易による損害に対する謝罪と賠償を求めた。（ニューヨーク・タイムス）

奴隷貿易の被害者であるアフリカが、そのアフリカをまとめているＡＵアフリカ連合が、賠償金を要求するのは、時間の問題だ。

植民地分割

19世紀になると、ヨーロッパでは産業革命が進行した。アフリカから奴隷を運んでくるより、アフリカ現地で奴隷としてアフリカ人を働かせ原料を現地生産し、なおかつアフリカを市場とする植民地支配のほうが得策だと判断し、ヨーロッパ列強国は奴隷貿易を中止した。潜在的にアフリカ黒人は劣等で野蛮だと信じているヨーロッパの白人たちは、自分たちの宗教、言語、文化を押し付けた。アフリカの植民地化は文明化という名目で、アフリカ大陸を侵食していった。

イギリスは、１８１５年のウィーン議定書でオランダから手に入れたアフリカ南端のケープ植民地領を拡大し、南アフリカの内陸部に植民地を広げていった。イギリスはエジプトと南アフリカの南北ふたつの拠点からアフリカ大陸を南北に貫く植民地の拡大を狙った。１８８２年、イギリスはエジプトを保護国化し、スーダンへと侵攻していく。

フランスはモロッコを配下におき、１８３０年にアルジェリア、１８８１年にチュニジアを保護国にした。フランスは北アフリカからサハラ砂漠を越えて紅海、インド洋にいたる、アフリカ大陸を東西に横断する植民地拡大を目指した。１８８１年には東アフリカにジブチ植民地を作った。

19世紀後半にはイギリス、フランス、ポルトガル、スペインなど古くからの進出国に加え、ベルギー、ドイツ、イタリアなどの産業振興国がアフリカ植民地争奪戦に参戦してきた。

１９０４年、イギリスとフランスはアフリカ分割の折り合いをつけ、英仏協商を結ぶ。このときまでに西アフリカには広大な仏領西アフリカ植民地が形成され、アルジェリア・チュニジアと仏領コンゴ、ジブチ、そしてマダガスカルがフランス植民地として確定した。一方、イギリスはエジプト・スーダン・ケニア・ウガンダに加え、ニジェール川下流域のナイジェリアを植民地化し、南部アフリカに広大な植民地を獲得していた。

一方、１８９０年に即位したドイツのヴィルヘルム２世は、植民地獲得に積極的に取り組み、英仏と対立した。１９０５年には、英仏協商によって帰属未確定のモロッコがフランスの勢力圏に定められたことに対抗し、モロッコに軍艦を派遣した。が、スペインとイギリスがフランスの側

分割以後のアフリカ（1914）

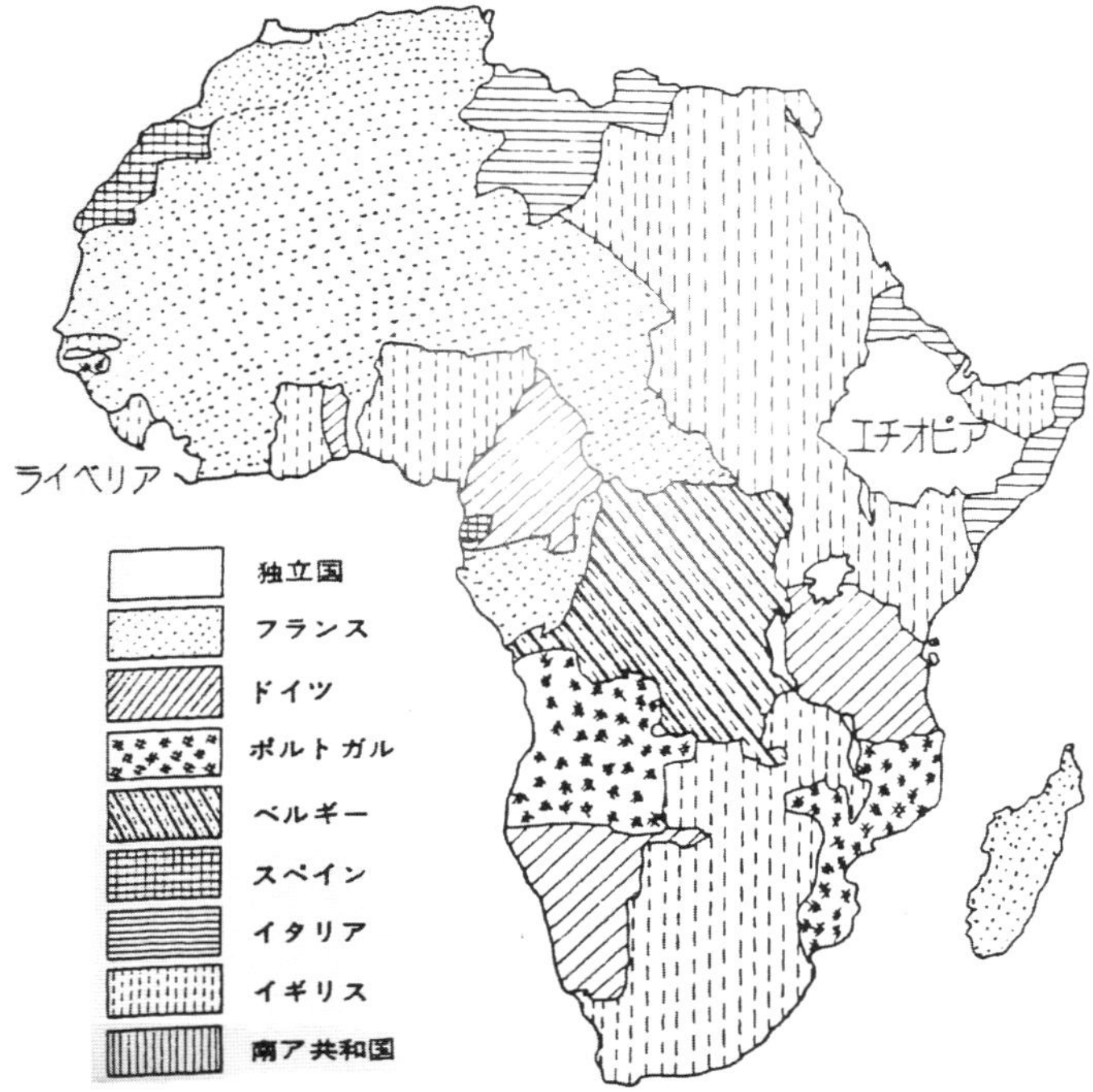

ヨーロッパ列強が植民地分割したアフリカ大陸1914年

につき、.結局ドイツは、モロッコをフランスの保護国とすることを認めざるをえなくなった。1912年には、イタリアがイタリア・トルコ戦争に勝利してオスマン帝国から北アフリカのトリポリ・キレナイカを獲得し、イタリア領リビアを成立させた。リビアとモロッコの帰属確定により、リベリアとエチオピアを除くアフリカの全土はヨーロッパの列強諸国により分割され、植民地支配されていった。

かくして、イギリス、フランス、スペイン、ポルトガル、ドイツ、イタリア、ベルギーというヨーロッパ7大列強は、アフリカ大陸を、自分たちの手で、自分たちの私有地にしてしまった。アフリカの現地住民に、地代を払うこともなかったし、許可を得ることもなかった。僅かな例外が、アメリカに売られたアフリカ奴隷の為に作られたリベリアと、人類の元祖ネアンデルタール人がいたエチオピアで、この二か国だけが辛うじて独立国の体裁を保っていた。

(2) 独立を勝ち取っていく植民地

人はいつまでも奴隷でいられない。第二次世界大戦の最前線に狩り出されたアフリカ奴隷兵士たちは、背後でオタオタするヨーロッパの白人兵たちを目の当たりにした。アフリカ奴隷兵たちは、「白人は俺たちより臆病だ」と悟り、白人支配者に対決する自信と尊厳を取り戻した。目指すは故郷の独立だ。

続々独立していくアフリカ各地

第二次世界大戦後、アフリカ各地で独立運動が開始され、まずリビアが１９５１年独立王国となり、スーダン、モロッコ、チュニジアと3か国は１９５６年に独立した。さらに、１９５７年のガーナ独立をきっかけに、アフリカ植民地は次々と支配者を追い出していく。

そして、１９６０年には〈アフリカ年〉が訪れた。

１９６０年が何故、〈アフリカ年〉と呼ばれるのか？　それは、アフリカ56カ国のうち約三分の一、17カ国が一挙に独立を果たした年だからである。

以下に　独立日、国名、旧植民地支配国、宗教、鉱物資源の順で１９６０年に独立した国々を紹介していく。

①1月1日、カメルーン共和国、元フランス領、キリスト教53％・イスラム教22％・伝統宗教25％、石油。

②4月27日、トーゴ共和国、元ドイツ領それから元フランス領、伝統的宗教50％・キリスト教35％・イスラム教15％、リン鉱石。

③6月20日、マリ連邦がフランスから独立。8月20日には分離独立してセネガル共和国が誕生。元フランス領、イスラム教95％、リン鉱石。

④6月26日、マダガスカル共和国、元フランス領、伝統宗教50％・キリスト教41％。

⑤6月30日、コンゴ民主共和国、元ベルギー領、キリスト教70％・イスラム教10％、銅・コバル

ト・工業用ダイヤモンド・コルタン。
⑥7月1日、ソマリア共和国、元イギリス領と元イタリア領、イスラム教、金。
⑦8月1日、ベナン共和国、元フランス領、伝統宗教35％・キリスト教35％。
⑧8月3日、ニジェール共和国、元フランス領、イスラム教95％、ウラニウム。
⑨8月5日、ブルキナファソ、元フランス領、伝統宗教57％・イスラム教31％・キリスト教12％、マンガン、金。
⑩8月7日、コートジボワール共和国、元フランス領、キリスト教34％・イスラム教27％・伝統宗教15％。
⑪8月11日、チャド共和国、元フランス領、イスラム教50％・キリスト教30％、石油。
⑫8月13日、中央アフリカ共和国、元フランス領、キリスト教50％・伝統宗教35％・イスラム教15％、ダイヤモンド・金・・ウラニウム。
⑬8月15日、コンゴ共和国、元フランス領、キリスト教55％・伝統宗教40％、石油。
⑭8月17日、ガボン共和国、元フランス領、キリスト教73％・イスラム教12％、石油・ウラニウム・マンガン、鉄。
⑮9月22日、マリ共和国、元フランス領、イスラム教80％、リン鉱石・金。
⑯10月1日、ナイジェリア連邦共和国、元イギリス領、イスラム教51％・キリスト教48％、石油・天然ガス。
⑰11月28日、モーリタニア・イスラム共和国、元フランス領、イスラム教が国教、鉄鉱石・銅・

原油生産が開始。

１９６０年10月、ガーナ大統領エンクルマが国連総会で演説し、アフリカ独立の支援を訴えた。これに呼応して12月に国連は、地球から植民地を一掃しようと宣言する〈植民地独立付与宣言〉を決議した。日本の１９６０年といえば、日米安保条約改定の年。恥ずかしながら日本はアメリカにどんどん迎合していく、転向の年になってしまった。

50年後の２０１０年、アフリカ系アメリカ米大統領オバマはホワイトハウスで、〈アフリカ年・オバマ・若者フォーラム〉を催し、「アフリカは50年前に戻ってはいけない。君たちアフリカ未来のリーダーは、先人が勝ち取った独立の時代に生まれた。アフリカの建設は有能な君たち、若者の手中にある」と、アフリカの若い招待客たちを激励した。そして、「アメリカはアフリカのパートナーだ」と、結んだ。

多難なアフリカ独立、されど独立

世界の人々に希望と力を与えた輝かしいアフリカの独立は、出発の時から旧支配者による掌握な妨害や、東西冷戦のとばっちりを食らった。コンゴ動乱を背景にしたフランス映画「冒険者たち」を再上映して、アフリカ独立の真実に迫ってみよう。

「レティシア、俺は知らなかった。」と囁くアランドロンの甘い歌声で展開していく「冒険者たち」（１９６７年公開）は、人生の賭けに敗れた3人が追う夢物語だ。３人が狙ったのは、コンゴ動乱（１９６０〜１９６５）の際に国外脱出を図って墜落した飛行機と共に沈んでいる、旧植民

自然体の子供達がいるから、アフリカは楽しい。アフリカ大陸の真ん中にある中央アフリカ共和国で。

1999年9月9日、カダフィの故郷シルトでアフリカ連合AU構想首脳会議が開かれ、故シリア大統領アサド、故パレスチナ大統領アラファトなどがオブザーバー参加。

地支配者ベルギー王国の莫大な財宝だった。レティシア役のジョアンナ・シムカスを挟んでアラン・ドロンとリノ・ヴァンチェロの3人が、爽やかにコンゴの海で宝探しを楽しむ……そして、一攫千金を手にするが、シムカスは裏切り者の流れ弾で、ドロンはベルギー植民地軍残党の銃弾で、死んでしまう。レティシアが潜水服に入れられ海葬される時流れるスキャットや、ドロンの死体から空撮で引いてくる時の〈レティシア〉のテーマには、泣かされる。

しかし、事実はジョジェ・ジョバンニのシナリオより100倍以上に悲しく、劇的だ。

1960年6月30日、ベルギー領コンゴは独立し、34才の若い活動家パトリス・ルムンバが初代首相になった。しかし、独立直後に旧植民地支配国ベルギーの支援を受けたチョンベが反乱を起こし、ベルギー軍の撤退とベルギーとの国交断絶を求めたルムンバを逮捕した。

翌1961年1月17日、ルムンバと2人の同志は、キサンガニ空港で飛行機から引きずり出されて深夜に白人の傭兵とチョンベの兵によって殺害された（CIAの現地基地が「フランドル出身のベルギー人将校が軽機関銃で処刑した」と報告した）。遺体は一度埋められた後、翌1月18日に掘り起こされてローデシア近郊まで移動された後、21日に硫酸で溶かされて数本の歯と頭蓋骨の欠片だけが残された。1999年のベルギー・テレビ局によるドキュメント番組で、遺体の処理を実行したベルギーの警察長官ジェラードが遺体から取り出した歯と銃弾を示している。

1960年に旧ソ連が、ルムンバ首相を讃えて〈パトリス・ルムンバ民族友好大学〉を創設した。アジア、アフリカ、ラテンアメリカにある旧ソ連友好国からの留学生を受け入れ、共産主義思想の教育をした。卒業生の中には有名なテロリスト、アルゼンチン人のカルロス・ザ・ジャッカル（通称）もいる。彼は１９７０年にパレスチナ解放人民戦線（ＰＦＬＰ）に合流し、１９７３年にはＰＦＬＰの分派組織「パレスチナ解放人民戦線・外部司令部」（ＰＦＬＰ-ＥＯ）に参加し、多くのテロを指揮した。冷戦終了後はソ連や東側諸国からの支援を失い、１９９４年８月14日にはスーダン警察に逮捕され、フランスに移送され、パリのサンテ刑務所に拘置された。

１９９２年２月５日以降、学校名はロシア諸民族友好大学となり、プーチン大統領の娘・マリアも在籍していたとか……現在、学生の大半がロシア人だそうだ。

アルゼンチン人チェ・ゲバラ（１９２８～１９６７）は、キューバ革命に参加した後、脱植民地化運動が真っ盛りだったアフリカに渡った。１９６３年アルジェリア独立一周年記念式典に出席し、１９６４年にはベン・ベラ大統領の招きでアルジェリアを再訪問。［１］１９６５年～１９６６年までアフリカ各地を歴訪し、コンゴではちょっとだけ〈コンゴ動乱〉を覗いたが、喘息を再発し退散した。

約10万人が殺害されたコンゴ動乱は一例に過ぎない。独立後のアフリカ大陸では、いたるところで血飛沫が飛んだ。

それでも、隷属より自由、植民地より独立……アフリカ最後の植民地が独立して、初めてアフリカ大陸が輝やく。

ＯＡＵ（アフリカ統一機構）後のＡＵ（アフリカ連合）

１９６３年5月25日、アフリカ諸国の独立を支援し、連帯を強めて旧植民地主義と冷戦による新植民地主義に対応するために、ＯＡＵ（アフリカ統一機構）が創設された。ＯＡＵ提唱者はエチオピア皇帝ハイレ・セラシエとギニア大統領セク・トゥーレで、エチオピアの首都アディスアベバに本拠を置く。当時のアフリカ独立国33か国のうち、30か国がＯＡＵに加盟した。

１９８２年にＯＡＵが、西サハラ難民政府が創ったＲＡＳＤ（サハラ・アラブ・民主共和国）を正式加盟国に承認したことに反発して、モロッコは１９８４年にＯＡＵから脱退して現在に至っている。

１９９９年９月９日、生まれ故郷シルトでのカダフィは、得意の絶頂にあった。約50人のアフリカ首脳陣を前に、「ワーヒダ・アフリキーヤ！（アフリカは一つ）」と拳を振り上げ連呼した。首都トリポリでの軍事行進では、「リビア軍はアフリカ人民のためにある！」と、檄を飛ばした。行進にはリビア兵に混じってアフリカ傭兵の姿もあった。

カダフィはアラブの盟主になろうとしてアラブ連盟からそっぽを向かれ、北アフリカ．マグレブの盟主になろうとして北アフリカ諸国から馬鹿にされ、やっと、資金援助の代償でブラック・アフリカ諸国の喝采を浴びることができた。２００２年7月9日には、ＯＡＵを発展させて、カダフィ念願のＡＵアフリカ連合を造った。

その頃、「フセインは愚かだ。豊かなイラクを潰し、イラク人民の命を犠牲にすることになる」と、カダフィは筆者に語ったことがある。２００３年4月、フセイン政権がアメリカの圧倒的大量破壊兵器であっけなく倒されると、カダフィの大口は固く閉じてしまう。欧米の言うがままに〈反テロ有志連合〉に名を連ね、２００３年９月にリビアは国連経済制裁を解除してもらう。２００６年12月、カダフィのライバル、フセインは米軍製絞首台で縛り首にされ、アラブの英雄になった。最後まで自説を曲げず、超大国アメリカに逆らい続けたからだ。そしてカダフィは故郷シルトに追い詰められ、欧米傀儡の反政府ゲリラに惨殺されてしまった。

広いアフリカ大陸で、ただ一国、モロッコだけがＡＵアフリカ連合に加盟していない。モロッコの言い分は、「モロッコは、資金不足のために、構造的問題に苦しんでいるアフリカ連合を、正直なところ当てにはしていなかった。実際、75％の予算を拠出しているのは、南アフリカ、エジプト、アルジェリア、リビア（旧）、ナイジェリアの五か国で、残りのアフリカ諸国は割り当て金を支払っていなかった……〈サデイル・ムサーウィ、〈西サハラをめぐる紛争と新たな文脈〉より〉」と、未だに一国だけ、ＡＵアフリカ連合に入っていない。

（３）残ったアフリカ最後の植民地・西サハラ

アフリカ大陸に、国連がその独立を促す〈最後の植民地〉が残されている。それが西サハラだ。西サハラは面積２８４、０００平方キロメートル、日本の約四分の三に当たる。

西サハラは、北をモロッコ、北東をアルジェリア、南と東をモーリタニアに国境を接していて、西は、大西洋に面した１、２００キロメートルの海岸線に恵まれている。しかし、現在の西サハラの大地は、モロッコが作った2、５００キロメートルの〈砂の壁〉地雷防御壁に分断されている。五分の四に当たる大西洋に面した豊かな地帯を、モロッコに占領支配されている。残り僅かな不毛の砂漠地帯を、アルジェリアのティンドゥフに拠点を置く西サハラ難民政府が仕切っている。

西サハラをくまなく案内したいのだが、モロッコ占領地の取材はモロッコ王国が固く禁じているので、モロッコ占領地に関しては一部しか紹介できない。

西サハラの大地

かって筆者は、モロッコ占領地・西サハラに観光客としてこっそり訪れたことがある。日時などの詳細は、モロッコ王国のお咎めを受けそうなので差し控えます。

ある3月、モロッコ王国機にカサブランカから搭乗し、30人程のモロッコ入植者やモロッコ兵に混じってモロッコ占領地・西サハラの首都、ラユーン空港に降りたった。予想通り、モロッコ空港警察に連行される。「日本人は砂漠に憧れてます。モロッコの新しい観光地、南サハラを紹介するための観光下見です」と、観光観光を連発する。プロ用カメラなどを抱えていない日本人観光客を、モロッコ警察は数時間後に釈放した。但し、「ラユーン市から一歩も出ない。ホテルは五つ星のマシールかパラドール」と、モロッコ警察は日本人観光客に足枷をはめた。モロッコの地図に西サハラは存在しない。モロッコの赤で塗り潰された西サハラは、南サハラ、またはモロッコサハラとなっている。

モロッコ警察はご不満だったが、五つ星ホテルは全て国連西サハラ住民投票監視団の傭員に占拠されていて、貧乏な日本人観光客は三ツ星のナグジール・ホテルに投宿した。エレベーターは動かない、トイレの水は流れないと、楽しいボロホテルだが、旧市街の貧しい居留区に押し込められている西サハラ二級住民には縁のない高級宿だ。

アルジェリアの難民キャンプに住む親友シディアから、故郷ダハラの親戚を訪ねて欲しいと頼まれていた。なんとしてでも、首都ラユーンから約600キロメートル離れたモロッコ占領地下の漁港ダハラまで、日帰りしなくては……そこで、ラユーンに入って3日後の午前5時、ロビーでいびきをかく夜番に気づかれないよう匍匐前進ですりぬけ、西サハラ住民が紹介してくれた元モロッコ兵が運転するベンツの個人タクシーに乗り込んだ。

ラユーンから175キロメートル離れた漁村ブジュドウールまで、集落は全くない。ブジュドウールの入り口と出口でモロッコ兵の厳しい検問を受けたが、なんたって運転手は元モロッコ兵……「ダハラに住む運転手の従弟を訪ねる」という口実で通過。

ブジュドウールを出ると舗装道路は途切れ、一軒の家もない。時折、運転手は陥没している道路を避け砂漠の悪路に入っていく。「地雷が埋まってるんだ」と、運転手。「地雷はここから200キロメートル以上離れた〈砂の壁〉付近に埋められてるんじゃないの?」と聞くと、「俺はモロッコ兵だったんだぜ、地雷のありかは御見通し、地雷はそこらじゅうにある」と、恐ろしいことを言った。

西サハラ大地は広大な砂漠から巾の狭い草の帯を越えると、突然、垂直に大西洋に落ちていく。

モロッコ占領地・西サハラのラユーン空港に降り立った筆者、証拠写真です。

タルハの葉で朝食を摂るラクダ。気を付けて！　西サハラ砂漠には地雷がたくさんあるよ!!

未開の海岸線が延々と続く。ダハラ半島の入り口にあるスキナット検問所でもモロッコ占領警察に尋問された。ここも、運転手の従弟訪問で通過できた。

そして、スキナットの丘を越えたら、〈シディアの天国〉が目の前に広がった！セルリアンブルーの大西洋を右にエメラルドグリーンの内海を左に挟んで、白砂のダハラ半島が……〈シディアの天国〉が輝いていた。今にもティラノサウルス、プテラノドン、トリケラトプス、サーベルタイガーマなどなど、先史時代の恐竜がでてきそうな、不思議な空間だ。港町ダハラで運転手は本当に従弟と会ったが、シディアの親戚を見つける時間は残っていなかった。

２００８年2月にはアラブ首長国連邦が観光地開発のためにダハラ地方を訪れ、ダハラの白砂をドバイに運ぼうと企んだ。

西サハラの気候・生き物

西サハラ国土の大部分は、厳しい〈内陸砂漠気候〉に支配されている。酷暑、酷寒、砂嵐、日本人には想像もできない過酷な自然の猛威が、砂と瓦礫の不毛地帯を襲う。西サハラは、人間にとってお世辞にも住みやすい所とは言えない。最高気温は65度を記録している。

4月から11月までの夏期の日中平均気温は30度~50度、夜は5度まで下がる。残り冬季の昼は25度~30度、夜は0度~5度と寒い。年間降水量は30ミリ、雨が降ると涸れ川・ワジに水が流れるが、それも束の間で、川などないに等しい。ところが、突然の大雨で、大洪水という大惨事に見舞われたりすることがあるのだ。

〈大西洋海岸気候〉と呼ばれる、大西洋岸の狭いベルト地帯だけは、穏やかな気候に恵まれている。平均気温19度、年間降雨量も１００ミリほどある。農耕も可能だ。しかし、スペインの植民地支配に続いてモロッコの占領支配と、１００年以上も外国人に侵略されていて、農耕地は荒れ放題、すっかり風化してしまった。

　それでも砂漠は生きている。銃で人間を追い出せても、動物や植物はその生息地から出て行かない。西サハラの海岸線には無数の野鳥が忙しく出入りしている。雁、カモメ、カラス、コウノトリ、ひばり、雀と、夥しい。内陸の砂漠では、可愛いナイチンゲールやウズラを、鷺や鷹といった猛禽類が追いかけまわしている。砂漠のひょうきんもの駝鳥も、スペインの植民地になる前には数千頭いたそうだ。が、強欲なスペイン商人たちが駝鳥の羽をそっくり踊り子のお尻につけてしまったから、西サハラ砂漠の駝鳥は絶滅してしまった。数百頭はいたと言うガゼルも、モロッコ占領軍に殺されてしまった。それでも、アンティロープ、オリックス、リンクスなどが生きながらえている。荒野の掃除屋ジャッカル、ハイエナ、ハゲワシも健在だし、兎、針鼠、りすといった小動物や、トカゲ、毒蛇、サソリの類には不自由しない。

　かって、西サハラ砂漠の遊牧民には、ラクダ、山羊、羊、馬、牛、ロバなどなど、賑やかな友人たちがたくさいた。が、故郷の砂漠を追われ他国の難民キャンプで生きる西サハラ難民のもとには、ほんの僅かな友しか残っていない。

　砂漠には花も咲く。〈砂漠のバラ〉という渾名の〈岩のオブジェ〉だけではなく、花を咲かせる植物は約50種、ひっくるめて200種の植物が西サハラ砂漠で生きている。

樹木は、ヤシやアカシヤの類で、砂漠で見かけるタルハの葉は下痢止めと下剤に、柔らかい小枝や表皮は動物の餌に、幹は燃料に使う。ハルーサやマルカバなど、栄養失調の灌木にも時々お目にかかる。

雑草の中で、タゼウケニテと呼ばれるえにしだの類は梅毒に効くそうだ。アフアッラジテは下剤、サバイアとレムラッファは下痢止めだとか試してみてください。

西サハラ人のご先祖

西サハラには、第四紀の300万年～一万年前ごろ、クロマニヨン人が住んでいたらしい。BC5000年から2500年ごろ、西サハラはサバンナだったようだ。こうした事は、西サハラの古い岩に彫られたり描かれたりした動物の絵が証明してくれている。BC3000年ごろから、サハラ・サバンナの砂漠化が始まり、動物の絵も消えていく。BC一世紀ごろ、ラクダをお供にアフリカ北部の遊牧民が西サハラに入ってきた。西サハラ砂漠の奥深くにある〈悪魔の岩窟〉と呼ばれる秘境には、家畜や人間の生活が描かれていて、模様の入ったセラミックの破片なども見つかったそうだが……風化したり、スペイン旧植民地軍が略奪したり、モロッコ新植民地軍が爆破したりで、どの程度が残されているのか？想像もつかない。

7世紀に入ると北西アフリカにもアラブ人が移住してきて、サンハジャ族に代表される先住の遊牧民たちにイスラム教とアラブ文化が浸透していった。さらに11世紀になると、イエメン地方のアラビア人がエジプト・ファティマ王朝を通過して北西アフリカに侵攻し、そのうちのマアキル族はモロッコ南部から西サハラ北部に定着した。13世紀、イエメン発のマアキル族を恐れたモロッコのムワッヒド王朝は遠征軍を送り、一族を西サハラに追いやった。マアキル族の代表的な一派ベニー・ハサンは、西サハラ先住遊牧民のサンハジャ族と交じり合い、西サハラ式アラブ文化を創っていった。〈ベニー・ハサン〉の〈ベニー〉は息子とか末裔の意味で〈ベニー・ハサン〉とは〈ハサンの子孫〉を表す。西サハラやモーリタニアで使われているアラビア語方言〈ハサニア〉とは〈ベニー・ハサンの言葉〉なのだ。

西サハラ人の生活習慣

西サハラ人は〈砂漠の人〉だ。故郷を追われ家畜を虐殺されて、今は難民生活や被占領民生活を強いられているが、由緒正しい〈遊牧民〉だ。

西サハラ人の生活習慣や衣装は、サハラ砂漠のトゥレグ族やモーリタニア人に似ている。ラクダや羊たちのために草や木の葉を求めて移動するのが遊牧民の生活だから、机も椅子もマホガニー製の化粧台も……家具の類はいらない。テレビ、電気洗濯機、電気冷蔵庫など電化製品は無用の長物。なんたって、砂漠に電線などないんだから、あるものと言えば、枕兼肘宛てのクッション、毛布や衣類や布の入った箱、凸凹の大なべにブリキの大皿、切れないナイフ、お玉代わりの大匙、まな板、食料袋、マッチや先祖代々の短刀に装飾品を入れた宝箱。そして、忘れちゃいけないのが、茶道具一式だ。と言っても格式ばった〈お道具〉ではない。小さいガラスコップが数個、パラードゥと呼ばれる小さい茶瓶と大ヤカンが一つづつ、ブリキ製の簡易コンロが一つあればいい。朝起きがけに、食事の前後に、仕事の前後に、仕事の最中に、と、なにかにつけ西サハラの人は甘茶を立てる。

では、西サハラ式お茶席によばれてみよう。

羊などの毛で織った伝統的なテントの内部は、夏涼しく冬暖かく、どんな客も平等に迎え入れてくれる。約30畳のテントの床は、一番下にラクダの毛でできた目の粗い敷物、その上は極彩色の絨毯で飾られている。好きな所に胡坐をかいて、甘茶道を楽しめばいい。甘茶を立てる主人は、男女を問わず隣人でも通りがかった人でも、手の空いた人がやる。主人は、茶瓶のかかったコンロの横に胡坐をかき、盆の上に小さいガラスコップを3つ並べる。茶瓶に茶の葉と砂糖と水を入れ、ぐつぐつ煮たったら、茶瓶を高く掲げ、細い糸にした琥珀色の甘茶を1番目のグラスに注ぐ。八分目ぐらいになると二番目のグラスにそっくり入れ替える。次に二番目のを三番目のグラスに入れ替える。こうして手品師のように、取っ換え引っ換えしていくうちに、茶と砂糖が微妙に混じり合ってまろやかな味になり、飲みごろの温度で客に振る舞われる。日本の茶道と違って細かい作法など問われないし、何杯お代わりをしても文句など言われない。が、三杯を限度にしないと、胸やけがするよ。

女性の民族衣装はミルハフと呼び、一枚の大きな薄布を頭から巻く。砂嵐に翻弄される色鮮やかなミルハフは、ウスバカゲロウのように幻想的だ。

男性の民族衣装はダラーと呼ぶすっぽり被る大きいワンピースと、被り布シャーシュ。

シャーシュは暑さや寒さや砂と戦うために、砂漠気候では欠かせない。が、活動的でないダラーを、男性は常用しない。が、女性は、普段もお出かけの時も、ミルハフを翻して活動している。

ウスバカゲロウのミルハフと甘茶道……モロッコ人には全くない西サハラの民族衣装と西サハラの習慣を頑固に維持して、西サハラ人は日常生活を送っている。

西サハラの天然資源

西サハラに石油、天然ガス、希少金属など眠っているのが判明したのは１９９０年半ばのことだ。当然、植民地支配国のモロッコがポリサリオ戦線に先駆けて、２００１年に鉱区公開しアメリカやフランスなど４社の石油企業と契約を結んだ。しかし、領有権未確定の資源採掘は国際法で禁止されている。この入札は期限付きの先物買いで、モロッコが結んだ契約は２００６年までに期限切れになった。慌てたモロッコは契約更新も含め、西サハラのモロッコ化と領有権獲得のため、あらゆる策略を強行していくようになる。

２０１４年10月31日、ＢＢＣ英国ＴＶが、〈モロッコ占領地・西サハラの領土問題と天然資源問題〉を特集した。ＢＢＣは、モロッコ占領地・西サハラ領海内でのコスモス・エネルギー石油会社による海底油田掘削計画に、焦点を当てている。５分の映像は、西サハラ被占領民によるコスモス・エネルギーの海底石油試験掘削反対デモ、人けのない西サハラ領海、西サハラ平和活動家の会見、モロッコ占領地・西サハラ風景、西サハラ解放区の西サハラ難民軍、西サハラ難民キャンプ、コスモス・エネルギー作業風景、コスモス・エネルギーの重役会見、などなどの映像を網羅している。

鉱物資源に加えて、モロッコは西サハラ領海漁業権も手に入れたい。「未確定領海での禁漁」という人間が作った掟に守られて、200種以上の魚が禁断の海でのびのび泳ぎ回っているのだ。

大西洋黒マグロもうようよいるよ！

2014年10月17日、WSRW（西サハラ天然資源監視）が、「3隻の日本漁船が西サハラの領海で密漁をしている。すぐに止めさせろ。西サハラ領海はモロッコ領海ではない。国連が規定している未確定地域で、西サハラ領海内での操業は国際法違反で密漁になる」との抗議書簡を、日本政府に送った。「こうりょう丸No.51（IMO番号8915990）、しょうえい丸No.7（IMO番号9120023）、たいわ丸No.88（IMO番号9053488）の3隻が10月16日から17日にかけて密漁していた」と、WSRWは報告している。

2014年11月4日、「日本海賊船がレーダーにひっかかった！」と、WSRWが再び日本に噛みついた。WSRWによると、「10月28日にはさらに一隻、ちよ丸No.18（IMO番号9016521）が加わり、計4隻の日本漁船が密漁していた。獲物は高価なマグロで、日本・欧州マーケットでは一キロ当たり6ユーロで、漁船夫々の容量は400トン。しかし、西サハラ領海での密漁は、9、000、000ユーロの罰金を払うことになる。我々は、世界の自然保護団体、IUCN（国際自然保護連合）、ICCAT（大西洋まぐろ類保存国際委員会）、IUU（違法・無報告・無規制漁船）UNFAO（国連食糧農業機関）に報告し、日本密漁反対運動への賛同を求めた。

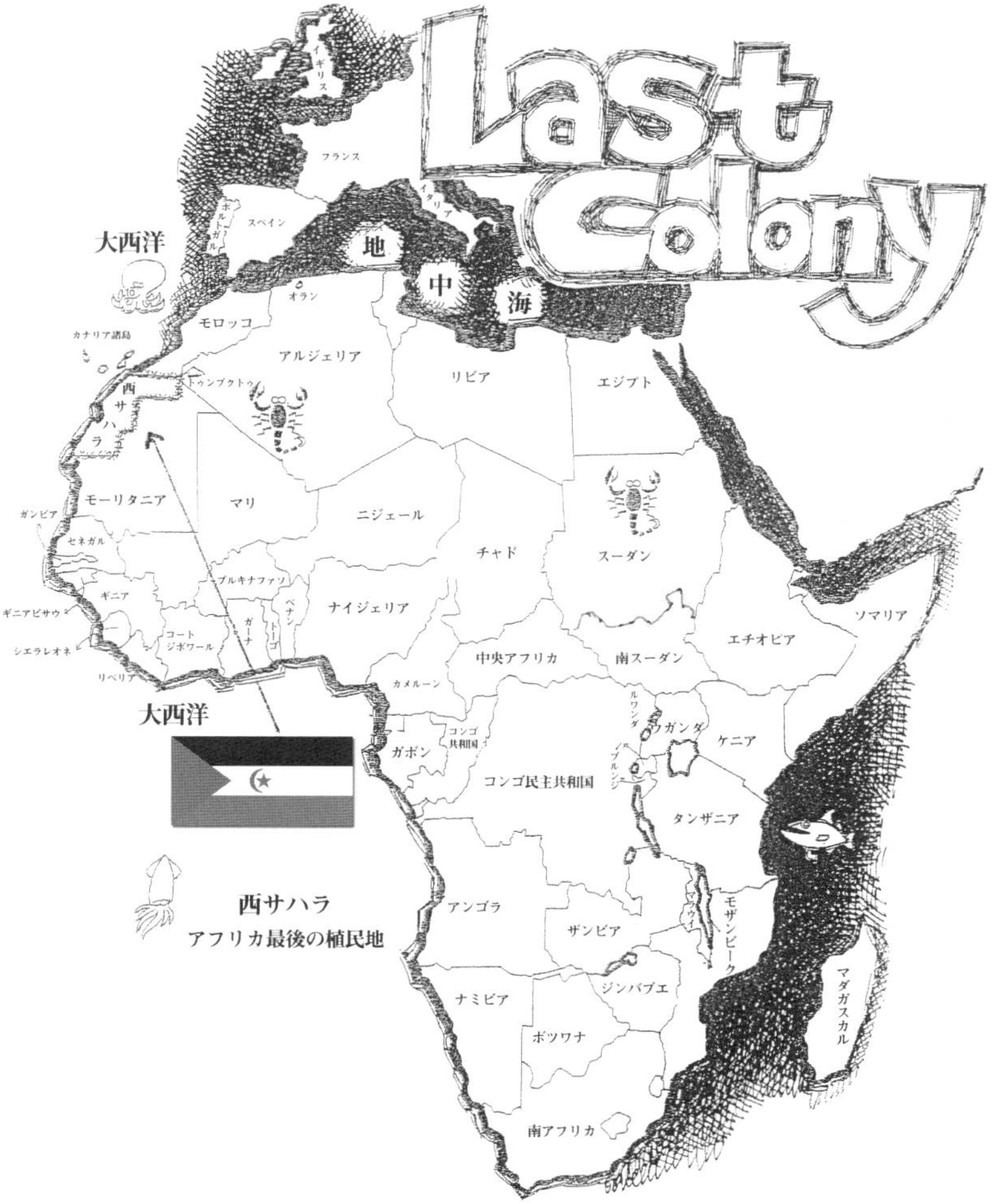

最後の植民地・西サハラを残す、アフリカ地図2015年

しかし、日本政府は全く我々の抗議書簡に返事をよこさないので、本日2014年11月4日、抗議書簡第二弾を日本政府に送った」と、ある。

つまり、西サハラは天然資源の宝庫なのだ。鉱物資源に乏しく漁業資源も枯渇し始めたモロッコが、西サハラを絶対に手放したくない理由はまさにこの天然資源にある。

モロッコはEUと漁業協定を結んでいる。EUはモロッコ産リン鉱石の一番のお得意さんでもある。が、モロッコ主要漁場は西サハラ領海で、モロッコ、リン鉱石の鉱山は西サハラ領内にある。どちらも国連が領有権未確定地域に指定していて、その地域での生産活動はご法度だ。

ハンス・コレル報告

国連事務総長法務顧問（当時）ハンス・コレルが国連法律委員会に出した2002年の報告書によると、「先を見越して入札などの契約をするのは違法ではない。しかし、国連が規定している不確定地域に於ける採掘などの行為は、明らかに国際法違反だ。行為を起こす以前に、住民の許可と住民の利益になるという保障が求められる」と、西サハラ領土・領海内での天然資源生産活動を違法だとしている。

ハンス・コレルは1939年にスウェーデンで生まれた。弁護士で外交官で、1994年3月から2004年3月まで国連法律部署に席を置き、国連事務総長の法律顧問を務めていた。

第2章　西サハラ独立運動

（1）エルワリ、西サハラ独立運動蜂起

アフリカ最後の植民地・西サハラでは、西サハラ住民が独立などしたくなかったのだろうか？そんなことはない！〈砂漠の人〉は人一倍、自我と威信を尊び、独立心が旺盛だ。

アフリカ大陸の大部分が独立を勝ち取っていた1973年、「どうして俺んとこだけが、スペインの植民地なんだ？」と、貧しい遊牧民の息子が立ち上がった。西サハラ独立運動組織〈ポリサリオ戦線〉を創設したエルワリは25才、当時の西サハラはスペインの植民地だった。

生まれは西サハラ砂漠

西サハラとモーリタニアに近い国境あたりに、〈われめ〉と呼ばれる高さ30メートルの奇岩がある。昼は60度の熱射に焙られ夜は零度以下に冷やされ、その責め苦がなん千年も続くと、固い玄武岩でも割れたり変形したりする。砂漠の民はそんな自然の造形物に〈ワルタ（けつ）〉とか〈サドゥウ（おっぱい）〉とか、自分たちだけの呼び名をつけて、道しるべにしている。

ある遊牧民一家が〈われめ〉岩の麓にテントを張り、そこを拠点にしてラクダや羊を育て、3

西サハラ独立運動組織ポリサリオ戦線とサハラ・アラブ民主共和国RASDを創設したエルワリ。(SPS提供)

50キロメートル北のグリミン市場に売りに行くという生活をしていた。一家の長は、日の出前に46頭の羊たちを放し、24頭のラクダたちを連れ出し4キロメートル離れた涸れ川・ワジで野性メロンやコルヌラカ・モナカンサ草などを食べさせ、日暮れ前に帰ってくる。

1968年6月の砂嵐が舞う日、一家の長が放牧を終えテントに近づいた時、羊の声に混じって赤ん坊の泣き声が響いた。テントに駆け込むと、口元に血糊を点けた女房の笑顔と、ぶよぶよの赤子が目に飛び込んできた。

赤子が誕生して一週間後、赤子の祖父の大テントに一族が集まった。「ぐひゃ～！」突然、赤子が断末魔の悲鳴を上げた。赤子のおちんちんの皮がまな板の上で、10センチまでに引き伸ばされ特効薬が塗られ、先祖代々の短刀が振り下ろされたのだ。割礼が終わると、赤子の父は、「この子は、エルワリとする」と、厳かに命名した。

「ルルルルル……」と、女たちが喉を震わせ歓喜の声を上げた。アラブの女たちは、嬉しいにつけ悲しいにつけ〈ザグラダ〉と呼ばれる叫び声を発する。

遊牧民の子エルワリは、７才から羊飼いをやった。二人の兄は、父を手伝うラクダ飼いだった。姉は母を手伝い、二人の弟はエルワリを手伝った。一家を上げて動物中心の移動生活だった。長閑な遊牧生活に反スペイン植民地闘争の敗残者が入り込んできて、一家のテントは崩れていく。１９５８年、エルワリが10才の時、父はラクダを鉄砲と交換してゲリラ組織に入り、脳卒中で倒れて帰還する。母は女中をやったり針仕事をやったり、寝たきりの父の面倒を見ていたが、熱病で倒れ三日後に死んだ。享年36才、エルワリが13才の時だった。二人の兄は食い扶持を減らすため、モロッコ軍に入隊していた。一家の羊たちは生活の為売り払われ、エルワリの居場所はなくなった。

１９６２年、エルワリは14才になった時から、住み込みの羊飼いをして、小学校に通った。その後、駆け足で高校を終え、１９６４年９月、16才になったエルワリは奨学生としてマラケシュのリセに入学。エルワリは砂漠に浸み込む雨の様に、知識と哲学と歴史を吸収していった。「なんで、アフリカの中で俺の西サハラだけが植民地なんだ？」と、素朴な疑問が、エルワリを突き動かす。

１９７０年、エルワリは親友のラミンと共にマラケシュムのハンマド五世大学法学部に入学届を出した。マラケシュへの旅支度をしていた時、「１９７０年６月17日夕刻、スペイン領西サハラのラユーンでスペイン軍が西サハラ人デモ隊に発砲。12人が死亡、数十人が負傷」と、ラジオ・モーリタニアのニュースが耳に入った。マラケシュ行きは止めた。旅支度はそのままに、エルワリはラミンを含む５人の仲間を集め、スペイン植民地軍の厳しい検問所をかいくぐって、故

20世紀初頭、スペイン・フランス植民地支配連合軍の、カバス西軍大佐とトリンケ仏軍大佐。(SPS 提供)

郷西サハラに密入国したのだった。通称〈ゼムラ虐殺〉、西サハラ人による最初の反スペイン植民地デモは、主宰者のバッシリがスペイン植民地軍に逮捕され潰されてしまった。バッシリは未だに行方不明のままだ。

そして、1973年5月10日の真夜中、モーリタニアに近い西サハラの南。突然、ランドクルーザーのヘッドライトが闇を突き破った。「ビスミッ　ラーヒッ　ラフマーニッ　ラヒーム（仁慈あまねく慈悲深き、アッラーの御名によって）、ポリサリオ戦線の蜂起をここに宣言する」と、民族衣装ダラーを翻らせて、被り布シャーシュで顔を隠した背の高い痩せた男が、早口でまくしたてた。ポリサリオ戦線の結成式は3分とかからず、ランドクルーザーは八方に散って行った。

モロッコ軍にいた二人の兄ラバト（31）とイブラヒム（29）は脱走して、ポリサリオに加わった。二人の弟バシール（22）とババ・サイード（21）も学校を中退して駆けつけた。姉ミリアム（27）もポリサリオ兵と結婚し、６人全員が難民キャンプで合流した。（年令は１９７３年当時）

ポリサリオ〈Polisario〉とは、〈Frente Popular para la Liberacion de Saguia el Hamra y Rio de Oro〉という超長いスペイン名の略である。日本語に訳すと〈サギア・エル・ハムラとリオ・デ・オロ解放のための人民戦線〉となる。サギア・エル・ハムラ（赤い涸れ川の意味）は西サハラ北部のアラビア語地名で、リオ・デ・オロ（金の川の意味）はサハラ南部のスペイン語地名である。

え〜！　スペインがモロッコに売った‼

１９７５年、11月の入るとスペインの長期独裁者、フランコ将軍が危篤に陥る。スペインは内戦の危機に見舞われた。11月２日、フランコの後継者、カルロス王子は専用ジェット機を自分で操縦してスペイン領西サハラに降り立ち、植民地撤退を意味する外人部隊閲兵式を行った。当時の西サハラではまだ石油・天然ガスなどが確認されておらず、ポリサリオ・ゲリラには手を焼かされるし、スペインはこのうま味のない植民地にうんざりしていた。11月５日、ジブラルタル海峡の対岸で機を窺っていたモロッコ王のハッサン二世は、モロッコ王官製デモを命令した。〈緑の行進〉と称した30万人（モロッコ王国公表）のデモ隊は「スペインの植民地支配反対！」のシュプレヒコールを上げ、モロッコとスペイン領西サハラの国境線を越えた。そして、ハッサン二世はモーリタニアも巻き込んで、スペインに西サハラの分譲を迫った。1975年11月14日、スペイン首相アリアス・ナバロは、〈西サハラに関するスペイン、モロッコ、モーリタニア三国秘密協定文〉にサインをした。旧植民地支配者スペインは漁業権とリン鉱石鉱山の権利とを引き換えに、西サハラの北部をモロッコに、南部をモーリタニアに分譲した。土地所有者・西サハラ住民を全く無視した西サハラの土地取引は、国際法をも無視した泥棒強奪行為だ。げんに、秘密協定の1ヶ月前、国際司法裁判所はモロッコとモーリタニアの西サハラ領有権を否定する判決を下している。

11月15日、エルワリはアルジェで、「三国秘密協定を、西サハラ民族は絶対にみとめない。まさに侵略と強奪だ」との声明を発表した。エル・ワリに対して、5ヶ月前にはモーリタニア大統領は友好関係を、ほんの2か月前にはスペイン外相が〈西サハラ住民投票〉を、約束したばかりだった……エル・ワリは両国の裏切りに歯ぎしりをしたが、モロッコ軍は既に西サハラ北部に侵攻し、モーリタニア軍の南部進攻も秒読みに入っていた。

活動拠点はアルジェリア砂漠の難民キャンプ

エルワリは何よりも先ず、戦争を回避したかった。モロッコ王国軍は年間軍事費約2300億円で、約8万人の兵力と欧米製近代装備を整えている。貧しいモーリタニア軍でも常備兵と予備兵を合わせて5000人以上の兵力を擁し、軍用機も持っている。対するポリサリオ・ゲリラといえば、砂漠の遊牧民から譲り受けた旧式のライフル銃が100丁にも満たないという有様だった。

　１９７６年2月27日、エルワリはモーリタニア大統領ダッダに嘆願書を送った。

「モロッコが西サハラを略奪したら、モーリタニアに食指を伸ばしてくる。かって貴殿が承諾したモーリタニア・西サハラ連邦構想を思い出して欲しい」

　１９７６年3月6日にはモロッコ王ハッサン二世にも訴えた。

「どうか西サハラの独立をお認めください。リン鉱石資源に関して、我々は貴国と共同開発していきます。我々よりも貴国の取り分を多くしてもいいですよ」

　しかし、涙ぐましい懇願も両首脳の領土欲と戦意を翻すことはできなかった。両国軍の侵攻に油を注いだだけだった。

　戦争回避が不可能と悟ったエルワリは、広大な砂漠に立ち往生している西サハラ難民の救出に向かった。難民避難所はモロッコ空軍ジェット戦闘機の空爆で壊滅し、陸路はモロッコとモーリタニア両軍によって封鎖されていた。エルワリ率いるポリサリオ難民救出部隊は、アルジェリア難民キャンプまで約１１００キロメートルの砂漠を徒歩で誘導するしかなかった。最後の難民がキャンプに着いたのは、１９７６年4月末だったという。

　さらにエルワリには、5万人以上の西サハラ難民を食わせていくという大仕事が控えていた。国際赤十字が１９７５年12月に、約9億1千万円の西サハラ難民緊急アピールをした。が、これは短期援助に過ぎない。エルワリはアルジェリア政府に助けてもらって、長期難民援助の認可を国連難民高等弁務官から勝ち取った。

１９７６年の春が終わる頃には、10カ国が西サハラを正式に国家と認め、援助物資も僅かながら入ってくるようになった。

とりあえず西サハラ難民の安全と食料を確保したエルワリは、いよいよモロッコとモーリタニア両正規軍との武装闘争に突入していく。

死んだのはモーリタニア砂漠

１９７６年6月2日、エルワリはポリサリオ執行委員会を難民キャンプで召集した。

「弱いモーリタニア軍がまず西サハラから出て行くことになる。真の敵はモロッコだ」と、モーリタニア先制攻撃を宣告した。

「我が軍は貧しいゲリラだ。敵の武器を一丁でも多く奪え。ポリサリオは砂漠の井戸だ。闘争と我慢の精神は汲んでも汲んでも汲みつくせない！」と、エルワリは檄を飛ばして、モーリタニアの戦場へとランドローバーを走らせた。

一週間後の１９７６年6月9日、エルワリ以下9人のポリサリオ・ゲリラはベニ・シャブ最前線でモーリタニア軍に包囲され、なぶり殺しになってしまう。エルワリの享年２８歳、西サハラを建国して僅か１００日後のことだった。

西サハラ独立運動組織・ポリサリオ戦線の創設者エルワリが殉死した日〈6月9日〉を忘れないため、西サハラ難民は〈6月9日博物館〉を創った。〈6月9日〉博物館は〈6月9日〉全寮制難民中等高等学校にあったのだが、２００６年の大洪水で泥造りの校舎も博物館も溶けて土に還ってしまった。その後、博物館は〈2月27日〉という名の女性訓練学校に移設された。

粗末な博物館の中は、中古ソーラパネルが供給する弱い蛍光灯の明かりしかない。薄暗い室内に、旧式のライフル、難民政府発行の身分証明書、マネジュ（砂漠の人が使う葉タバコ入れ）と小さなキセル、シャーシュ（砂漠の人が頭に巻く長い布）等々、貧しく乏しいエルワリの遺品が並べられている。難民の子供たちがひっきりなしに博物館を訪れる。

子供たちを前にして、「エルワリは武道家ブルースリーの大ファンだったんだよ」と、博物館を案内する難民軍ポリサリオ戦線の兵士は、「アチョー」と怪鳥音を発して空手のポーズを取る。この「アチョー」を見たさに、子供達は集まってくるのだ。デイズニーランドも映画館もゲームセンターもないから、この大道芸は今も大いに受けている。

（2）西サハラ難民キャンプ

西サハラ難民キャンプを拠点に西サハラ独立運動組織〈ポリサリオ戦線〉を立ち上げたエルワリが殉死して、約４０年経った。しかし、今も同じ難民キャンプで、西サハラ難民は我慢強く独立に向けて闘い続けている。

さて、アルジェリアのサハラ砂漠にある西サハラ難民キャンプへご案内します。

西サハラ難民キャンプへ行こう

まず、アルジェリアの首都アルジェに入る。そこから国内線を使って、約２０００キロメートル離れたアルジェリア最西端の軍事基地ティンドゥフまで飛ぶ。週3回の便があるが、砂嵐になるとキャンセル。外国人に厳しい軍事基地への搭乗口では、西サハラ難民政府の助けがいる。

ティンドゥフ空港到着は、たいていの場合、真夜中になる。着いた飛行機はそそくさと出発地アルジェにトンボ返りし、アルジェリア軍事基地の町に行く搭乗客は去りコーヒースタンドが閉まりロビーの灯かりが消える。しかし、西サハラ難民キャンプへの取材者や訪問者はひたすら西サハラ難民政府のお迎えを待つしかない。

飛行場から西サハラ難民キャンプまで直結の特設道路を50キロメートル走ると、ラボニ西サハラ難民行政センターに着く。訪問者はそのまま外国人宿泊所の一室に放り込まれる。十畳ぐらいの部屋に40センチ四方の明り取りがひとつ、鉄製の簡易ベッドが7、8台あるだけ……高いびきの先客を起こさないように空いたベッドを探し、支給されたシーツを広げて長旅の体を横にする。しかし、うとうとする間もなく、「コミダ！　コミダ！！（スペイン語で、飯だ！　飯だ!!）」の声に起こされる。

ちなみに西サハラの母国語はアラビア語、第一外国語は旧植民地支配国スペインの影響でスペイン語だ。第二外国語はアルジェリアを真似てフランス語だ。

外国人は食堂で一同に会し、情報を交換しあい協力しあい、時には行動を共にする。大部分がヨーロッパの西サハラ支援団体の連絡係りで、40人位が交代で常駐している。外国人の食事は西サハラ難民援助物資で賄われ、豆類、穀類、脱脂粉乳、缶詰など。但しヨーロッパは近いせいもあって、支援団体は食料持参でサバイバル生活を楽しんでいる。

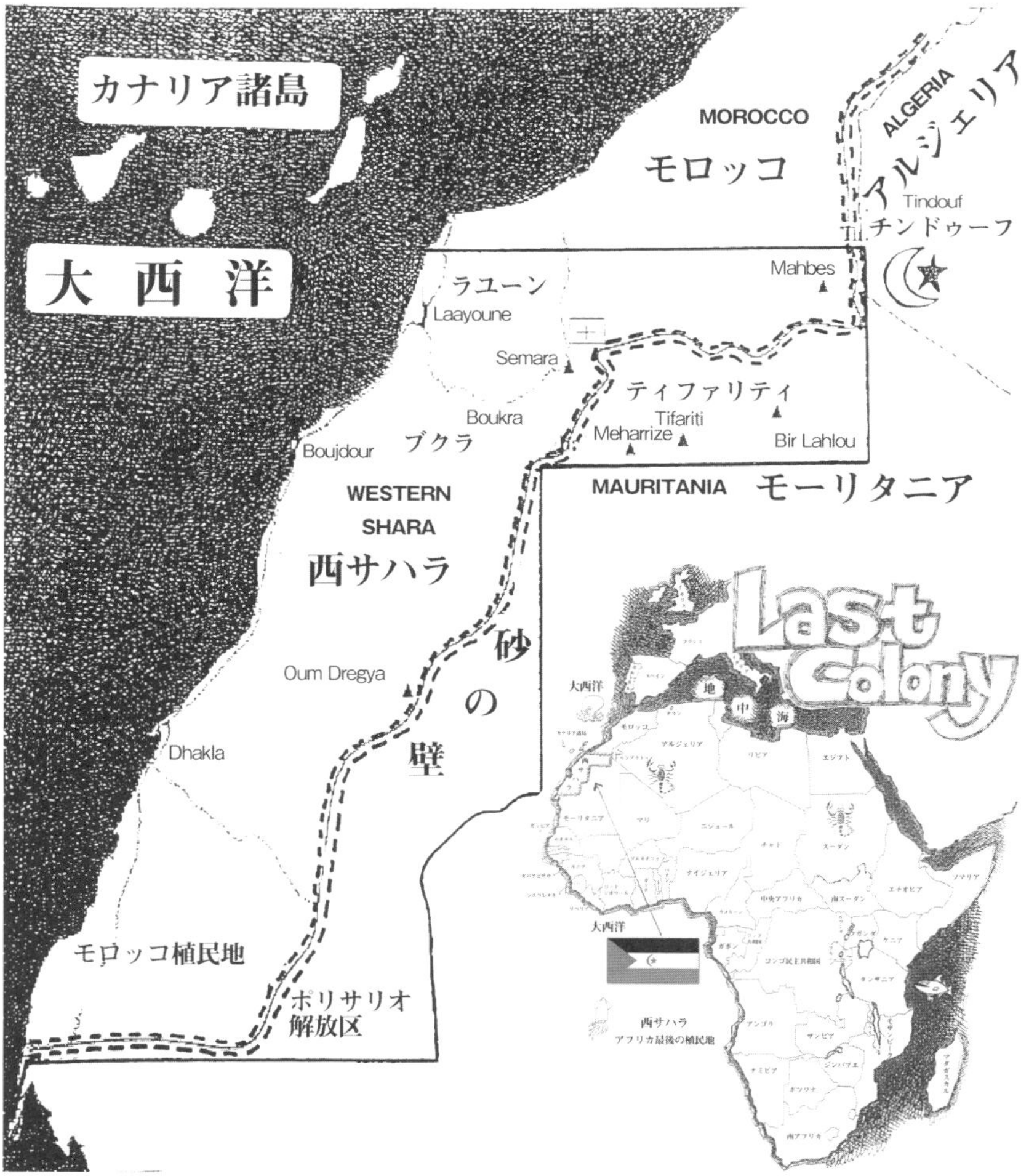

ラスト・コロニー、アフリカ最後の植民地・西サハラと西サハラ難民キャンプの位置

それでも外国人は必ず下痢の洗礼を受ける。共同トイレは数少なく汚物がすぐに詰まるので、日本の取材者はもっぱら大空の下、砂漠の野糞を楽しむ。

ラボニ行政センターから、近くて30キロメートル遠くて190キロメートルと奥深く入った砂漠に、五つの西サハラ難民居住キャンプがある。細菌やウイルスの蔓延を恐れて、夫々を30キロ以上離してある。1997年の国連調査によると、ひとつのキャンプに4万から5万程度が住んでいて合計が約16万5千人とあるが、2011年の時点で20万を越えたといわれている。五つのキャンプには夫々、故郷西サハラの地名が付けられている。パレスチナ難民キャンプのように。

ある西サハラ難民、シディア

ラボニ難民行政センターが用意してくれるオンボロの四輪駆動で道なき砂漠を50キロメートル走るとシディアが住む難民キャンプに着く。47才のシディアは妻ムニアと子供5人とで、ガスも水道も電気も電話線もない、おんぼろテント暮らし。彼はかって全寮制難民中学校で算数を教えていたが、今は外国人支援団体との交渉係をしている。他の難民政府職員と同様に給料はない。

生きていくのに最低限の食料と日用品と燃料などは、全難民平等に配給される。シディア一家のメニューは、朝は甘茶に硬いパン、昼と夜は豆スープに硬いパン。援助物資の特配があれば、スパゲッティとか米とか魚の缶詰などが出てくる。

シディアの長男と長女は全寮制難民中学校に入っている。次男はキャンプにある小学校に通う。小学校は全部で約25校。2校ある男女共学の全寮制難民中学校では計4千人が学んでいる。ゲー

40年近く難民生活を送る親友のシデイアと子供たち。写真嫌いの奥さんはテントの中。右端は筆者。

ムセンター等はないから勉強あるのみ。試験に受かれば、キューバやリビアやアルジェリアに留学もできる。全寮制中学の食事も硬いパンと豆スープだけの難民食、生徒達の歯はぼろぼろだ。

国連が支給する布製テントも問題だ。５年でぼろぼろになり、新品はなかなか届かない。殆どの難民が自家製の日干しレンガ小屋で酷寒、酷暑、砂嵐を凌いでいる。学校、病院、公共施設も手造りの日干し煉瓦、つまり泥小屋だ。冬に襲ってくる大雨はその日干しレンガを溶かしてしまい、泥小屋は砂漠に消えてしまう。２００６年２月９日から11日まで降り続いた局地的豪雨は大洪水をもたらし、50％以上の建物が全半壊してしまった。

それでも西サハラ難民は国連西サハラ住民投票をして西サハラ独立を勝ち取り、晴れて祖国に帰還することを願いつつ、親も子も孫も40年以上に及ぶ辛い難民生活に耐えている。

こうして難民になった

シディアは1962年に西サハラの大西洋岸にある漁港、ダハラに生まれた。父は行商人で、モーリタニアのヌアディブから茶碗や衣類を、カナリヤ諸島からは装飾品や缶詰などを仕入れ、港町の雑貨屋に卸していた。

シディアが10才になった1973年には、エルワリが作った武装組織ポリサリオ戦線とが、活動を開始していた。5才年上のシディアの姉・シーダは、ポリサリオ戦線に志願した恋人を追って、アウセルドに出奔した。翌年、シディアもそんな姉を慕ってアウセルドへと家出をする。当時の西サハラは全土がスペイン植民地だった。ポリサリオ戦線も西サハラ住民も、（旧）植民地支配者スペインを叩き出しさえすれば西サハラの独立を勝ち取れると信じていた。

ところが1975年11月14日、西サハラ住民のことなど眼中にない旧植民地支配国スペインは、モロッコとモーリタニアと三国秘密協定を結び、西サハラ北部をモロッコに南部をモーリタニアに分譲してしまった。スペイン植民地軍が撤退すると、北からモロッコ正規軍が南からモーリタニア正規軍が西サハラに侵攻し、西サハラ住民を挟み撃ちにした。両軍の砲火に曝された西サハラ住民は3番目の隣接国アルジェリアに雪崩れ込んで行った。こうして西サハラ難民が発生した。

13才のシディアと18才の姉は、近所の住民350人の中に混じってアウセルドを脱出し、約3００キロメートル北にあるウム・ドレイガのポリサリオ戦線難民キャンプを目指して歩いた。冬の砂漠は零度を切り、砂嵐が容赦なく幼児や老人を倒していく。ウム・ドレイガに辿り着けたのは２００人足らずだった。しかも着いた3日後に、モロッコ軍はこの難民キャンプを爆撃機３機で襲い、ナパーム爆弾やクラスター爆弾を豪雨のように降らせた。キャンプは血の地獄、ゾンビと化した約2万人の西サハラ難民は７００キロメートル以上離れたアルジェリア国境に向かって歩き出した。

１９７6年2月、シディアと姉がアルジェリアに辿り着いた時、ポリサリオ戦線の指導者・エルワリはアルジェリア政府から、ティンドゥフの砂漠に難民キャンプを設立する許可を取り付けていた。

「約5万の難民が西サハラから逃れアルジェリア砂漠でキャンプ生活を始めた。過酷な砂漠気候で4分の1の幼児がこの3ヶ月で死亡。１９７6年の春にはサナダ虫が蔓延し、千人以上の子供が死亡。アルジェリアの救援隊はコレラのワクチンを打ち、特に子供達にはジフテリア、破傷風、小児麻痺などの予防接種を行った。」と、国連難民高等弁務官は１９７6年10月に報告している。

国連難民高等弁務官や世界食料計画などの国際援助団体の支援物資は難民が辛うじて命をつなげれる程度のもので、特に医薬品倉庫はいつ取材してもがらんどうだった。

2月27日西サハラ建国記念日

2月27日は、西サハラ難民がアルジェリアのティンドゥフにある難民キャンプで、ＲＡＳＤ西サハラ・アラブ民主共和国を立ち上げた日だ。西サハラの建国を計画し宣言したのは、ポリサリオ戦線である。

以下に西サハラ建国宣言までの西サハラ独立運動史を簡単に振りかえってみる。
①　1884年、スペインが西サハラを植民地支配すると宣言。
②　1973年、西サハラ砂漠遊牧民の息子、エルワリがポリサリオ戦線を創設。
③　1973年、エルワリが憧れていたブルースリーが死ぬ
④　1975年、スペインがモロッコとモーリタニアに西サハラを裏取引で分譲。
⑤　1975年、アルジェリアが西サハラ難民キャンプ設置を許可。
⑥　1976年2月26日、スペイン軍が西サハラから撤退。

そして、1976年2月27日、建国宣言の日が訪れた。

その日、砂嵐が吹きすさぶ真夜中、ビル・ラハルと呼ぶ砂漠の寂れた中継点に、突然、約50人のポリサリオ兵士と30人以上の取材陣がランドローバーから降り立った。車のライトが一斉にたかれ、ポリサリオ兵達に囲まれたモハンマド・ジウの姿が浮かび上がる。

「西サハラ全人民による民主主義と、イスラム教を礎にした、サハラ・アラブ民主共和国（西サハラの正式名称）が誕生したことを宣言する」と、ジウは口早に読み上げた。

ライフル銃の先に、パレスチナ国旗にイスラム教の象徴である三日月と星をあしらった手描きの旗がつけられ、砂で蓋われた空に掲げられる。旗は、パレスチナ民族闘争を敬愛するポリサリオ戦線の創設者、エルワリが考案した。

西サハラ砂漠で、西サハラ難民軍ポリサリオ戦線のゲリラ作戦会議、1980年初頭。(SPS 提供)

国連支給の布製テントは数年でボロボロになる。左隅の塊は、使えなくなったテントの残骸。

西サハラ建国宣言は、スペイン占領軍が西サハラから撤退した翌日に急遽、行われた。

エルワリが建国宣言を急いだのには、四つの理由がある。その①、西サハラをスペインから不正に分譲してもらったモロッコとモーリタニアは、少しでも多くの土地を自国領にしようと軍事侵攻を急加速させていた。西サハラはまさに地図から抹殺されようとしていた。その②、西サハラ難民が国際機関から正式な援助を受けるためには、国という受け皿が急がれた。その③、ポリサリオは国連が容認する独立闘争組織で、盗賊まがいの武装集団ではない。それには国という母体が必要だった。その④、アルジェリアの難民キャンプと植民地西サハラとに分断された西サハラ民族の心を一つにつないでおくには、国という象徴がなによりも効果的だった。

1976年2月27日の建国祭典に、ポリサリオ戦線とRASDサハラ・アラブ民主共和国の創設者、エルワリは参加しなかった。難題を山と抱えたエルワリには、祭りごとに構っている余裕などなかった。

2015年に建国40年目を迎える西サハラ難民政府は、正式名をサハラ．アラブ民主共和国（RASD）と言い、アフリカ連合を初め、世界の約80カ国から正式に国として認められている。西サハラ独立運動組織「ポリサリオ戦線」が指導していて、国連では「ポリサリオ戦線」を西サハラ側の交渉相手としている。亡命政府のアジズ大統領は「ポリサリオ戦線」のトップも兼ねている。亡命政府には国会もあり、大統領も国会議員も選挙で選ばれる。

エルワリの四人兄弟、長兄ラバト（73）、次兄イブラヒム（74）、弟バシール（65）、下の弟ババ・サイード（64）は、今も難民キャンプでエルワリの遺志を継ぎ、夫々の持ち場で独立闘争を戦っている。

西サハラ難民政府の国務大臣でポリサリオ戦線No.２の弟バシールが、２月27日の建国記念日に、次のようなメッセージを日本に送ってきた。

「おしんの国の人々へ、
西サハラ人民はこのところ、サハラ・アラブ民主共和国（西サハラの正式名称）宣言記念祭の準備で忙しくしてきました。

１９７６年２月27日、ポリサリオは近代的な難民亡命政府を立ち上げました。

それから40年間、西サハラの家族は西サハラ難民キャンプと西サハラ占領地に分断されたまま生きてきました。そして、24年間、国連決議に基づく〈国連西サハラ住民投票〉を待ち続けています。

２月27日建国記念祭の機会に、我々はエルワリを含む殉教者たちの御霊をお届けしたいと思います。エルワリはポリサリオを創設した歴史的先駆者で、今も西サハラ人民のカリスマ的指導者です。私は、日本のみなさん全てと日本政府が、自由と独立を目指し闘っている我々に味方してくださると、信じてやみません。

我らの地球に平和と正義を確立していこうではありませんか！

みなさんの幸運を祈ります。

バシール・ムスタファ・サイード：　ポリサリオ政治局書記長」

〈おしん〉とはNHK大河ドラマ主人公の〈我慢女〉を指す。「いまどき、おしん?・」といぶかる向きもあろうが、西サハラ難民キャンプでは、いまだに〈おしん〉人気がロングラン中である。「おしん」は、我慢の権化である西サハラ難民にとって、スーパーヒロインになっているようです。

(3) 西サハラ難民軍ポリサリオ戦線

モロッコはポリサリオ戦線の攻撃を防ぐ為、イスラエル軍高官の提言で「砂の壁」と呼ぶ瓦礫の防御壁を1981年から1987年にかけて作った。「砂の壁」を越えてモロッコ植民地には潜入できない。が、西サハラ難民亡命政府が実効支配する西サハラ解放区のポリサリオ戦線最前線基地ティファリティには、ポリサリオ兵士が案内してくれる。西サハラ難民キャンプからティファリティまで約350キロメートル、往路に丸一日、復路に丸一日、中の一日で、最前線基地の訪問と、かなりの強行軍だ。

2泊3日の旅だが、ポリサリオ兵士に言われるままに1週間分の食料を用意しよう。

西サハラ・ポリサリオ戦線解放区

満天の星に送られて、ラボニ行政センターの外国人宿泊所を出る。宿泊所の先には、西サハラ難民政府の官庁や施設の影が点在している。総司令部と言っても、日干しレンガに漆喰を塗った

西サハラ難民が実効支配する西サハラ解放区の、ポリサリオ戦線基地ビルラハル。この下には石油が眠ってるんだぞ！

西サハラ解放区のテイファリティにある、西サハラ難民軍・ポリサリオ戦線司令基地。モロッコ軍から分捕った戦車とポリサリオ戦線兵士。

粗末なもので、ラボニ行政センターは西部劇に出てくる騎兵隊の砦を連想すればいい。

　西サハラ難民キャンプを後にすると、西も東も北も南も、地平線まで砂と石しかない。道も標識もない砂漠は、砂漠のゲリラ戦を戦った砂漠を熟知する兵士でないと運転できない。その上、この地方の石砂漠は鋭く硬い礫砂漠で、車体を跳ね上げタイヤを痛めつける。予備のタイヤや部品を用意する余裕など難民にはないし、まともな工具もない。パンクしないようエンジンがいかれないよう、ひたすら運転手頼みと神頼みで、がたがたの4輪駆動車を走らせる。「オフロードのラリーに出場したら、優勝間違いなしだね！」と、運転手にお世辞を言ったら、飛ばすこと飛ばすこと120キロ、160キロ、180キロと、針が振り上がった。

　運転手や車が疲れると、やせ細ったタルハの木を探し、その下でお茶にする。まず砂に埋まっているタルハの枯れ枝をかき集めマッチで火をおこす。

　読者の皆様、甘茶の立て方を覚えてますか？　まず、琺瑯びきの急須に中国支援のお茶と砂糖に水を入れて火にかけ、沸騰させる。人数分の小さいガラスコップを並べ、急須から最初のコップへ注いだ甘茶を次々と移し変え、まろやかな味に仕上がった最後のコップの甘茶をまず客人に勧める……でしたね？

　運がよければ昼過ぎにビル・ラハル（おいしい井戸という意味のアラビア語）というポリサリオ戦線中継基地に辿り着ける。

最近、ポリサリオ戦線はこの地を西サハラ難民亡命政府の臨時首都と決め、日干しレンガの兵舎を造った。他のポリサリオ戦線解放地区と同様にビル・ラハルでも定住民は不在で、遊牧民のテントを時折見かけるだけだ。ビル・ラハルを臨時首都にした理由は、この地で１９７６年２月27日に難民亡命政府、ＲＡＳＤサハラ・アラブ民主共和国の建国宣言をした事と、この地下で石油が発見された事にある。

「これからは、ビル・ラハルではなくビル・ナフト（石油の井戸）って呼んでくれ」

と、ビル・ナフトを守る兵士達は誇らしげに高笑いした。

ポリサリオ戦線・最前線基地

まだ運が残っていたら、燃える太陽が沈む前にティファリティ最前線基地まで辿り着ける。スペイン植民地時代（１８８４〜１９７５）のティファリティは、砂漠の中継点として栄えた町だった。しかし１９９１年、ポリサリオ戦線とモロッコが停戦を結んだ後、ＰＫＯ（国連平和維持軍）が来る直前にモロッコはティファリティを空爆し、ビル・ラハルの井戸に毒薬をぶち込んだ。

１９９２年にティファリティが国連住民投票場の一つに指定されてから、廃墟の町興しが始まった。病院、学校、宿泊所と、難民亡命政府は乏しい予算で遅遅として、しかし確実に建設を進めている。が、西サハラ住民はまだいない。

ポリサリオ戦線司令部も日干しレンガの掘っ立て小屋で、約20名程度の兵士が常駐している。ここから、岩やくぼ地を利用して潜む小隊に司令を出している。１９９１年の停戦以降、モロッコ軍との衝突はないが、ポリサリオ戦線は臨戦体制を緩めていない。

「ツートントン……」と、日本人取材班無事到着を知らせる無線機の音で、半世紀も前のアルジェリア独立戦争時代に連れ戻される。その頃から変わらない古い機材と中古の武器と昔の戦闘服でポリサリオ兵士は独立闘争を戦い続けているのだ。

ポリサリオ兵士の食事も難民食。周辺の遊牧民が時々立ち寄ってラクダのミルクや羊の肉を差し入れてくれる。取材班の差し入れは、食料品から日用品まで何でも喜ばれるが、特にアメリカ製タバコは大歓迎される。夕食が済み10時の消灯まで、兵士達は甘茶を立てながら政治談議に花を咲かせる。

「国連が西サハラ住民投票を約束したから、俺たちは銃を置いた。あれから24年だぜ！」

「国連も世界も俺たちの事を忘れてんだ。血を見せないと注目しないんなら見せてやるぜ」

「アッラーフ　マアナー（アッラーの神は我々と共に、の意味。アラビア語）」

と、ポリサリオ兵士たちは気勢を上げ、アッラーに夜の祈りを捧げて灯りを消した。

２０１４年10月10日、「もうこれ以上、３年近く停止したままの国連交渉を待つわけにいかない！　西サハラ難民キャンプのフラストレーションは限界にきている。若者も老人も、特に西サハラ難民軍ポリサリオ戦線の兵士たちは、戦う気だ。２０１５年４月にＭＩＮＵＲＳＯミヌルソ〈国連西サハラ住民投票監視団〉の更新期限が来ても和平交渉の兆しがない時は、戦争だ。我々には18か月間耐えうる十分な武器がある」と、西サハラ難民政府のワリド・サレク外務大臣とアハマド・ブハリ国連西サハラ代表は、国連に警告を発した。

北西アフリカにある〈最後の植民地・西サハラ〉に戦火が点こうとしている。今ならまだ間に合う。国連も国際社会も日本も、そして、日本の庶民も、なんとかしてこの火種を消さなくては……戦争はもうごめんだ！

国連PKOの最前線

ポリサリオ戦線司令部のある丘から、国連旗が見える。ＰＫＯ（国連平和維持軍）のティファリティ最前線基地だ。このＰＫＯはＭＩＮＵＲＳＯミヌルソに所属している。ＭＩＮＵＲＳＯミヌルソとは、西サハラ住民投票に向け、国連が１９９１年9月に立ち上げた〈国連西サハラ住民投票監視団〉のことで、〈United Nations Mission for the Referendum in Western Sahara〉の頭文字をとった名称である。

高いフェンスに囲まれたカマボコ型のＭＩＮＵＲＳＯミヌルソ（国連西サハラ住民投票監視団）兵舎の中は冷暖房完備、酒蔵あり卓球台あり、でっかい冷凍冷蔵庫には空輸されてきた生鮮食品やギンギンに冷えたビールがびっしり。

「戦闘もないし、給料付きの結構なバカンスですね？」

と水をむけたら、フランス兵が肩をすぼめてぼやいた。

「おれもパリ・ダカール・ラリーの乗りで来たんだけど、まるで潜水艦に乗せられ、海に閉じ込められている気分だよ」

ＭＩＮＵＲＳＯミヌルソ（国連西サハラ住民投票監視団）はモロッコ占領地に5箇所、ポリサリオ戦線解放区に5箇所の基地を設置し、約２３０人程のＰＫＯが両軍を監視している……ＰＫＯ

国連 PKO 傭員の昼食。西サハラ難民の子供たちに食べさせてあげたい！

筆者とポリサオリ兵、地雷防御壁〈砂の壁〉までの距離は、わずか 1 キロメートル足らず。

は中国、フランス、ロシア、イタリア、エジプト、ナイジェリア、パキスタン、ブラジル等の多国籍軍で構成されている。

パン・ギムン国連事務総長は国連安保理に、ＭＩＮＵＲＳＯミヌルソ（国連西サハラ住民投票監視団）年次予算を毎年４月に経常している。２００９年７月１日から２０１０年６月30までは５３、５００、０００＄、２０１０年から２０１１年までは５７、１００、０００＄、２０１１年から２０１２年６月30日までは６１、４００、０００＄と、年々膨れ上がっている。

問題はこれだけ多額の金を使いながら、創設以来23年にもなるのに国連西サハラ住民投票実施に向けて、ＭＩＮＵＲＳＯミヌルソ（国連西サハラ住民投票監視団）はいまだに何も結果を出していないことだ。

「モロッコ（を国連西サハラ住民投票に参加させる事）がだめなら、安保理は速やかに非を認め、これ以上無駄な閉塞状態に終止符を打つべきだ。ＭＩＮＵＲＳＯミヌルソ（国連住民投票監視団）は最悪の失敗例だ!!」

これは、ブッシュ前政権の中でも最強硬派、ジョン・ボルトン元米国連大使の言である。

（４）地雷防御壁〈砂の壁〉

２０１０年、米国映画〈ハートロッカー〉が監督賞以下アカデミー六賞を独占した。

〈ハートロッカー〉の舞台はイラクのバグダッドになっているが、実際の撮影は隣国ヨルダンで行われた。時は２００４年の夏、イラク戦争真っ只中で大活躍する米軍爆弾処理班を、ドキュメンタリータッチで描いている。

何故、今、２００８年に上映済みの戦争アクション映画に、世界中の耳目が集まるアカデミー賞を与えるのか？　答えは簡単明瞭、米国ホワイトハウス宣伝マンたちは、イラクやアフガニスタンからの米軍撤退に関して、派手なアカデミー受賞式でその正当性をアピールしたかったのだ。アカデミー賞もノーベル賞も政治が絡んでいる。

しかし、イラクでもアフガニスタンでも爆発音は絶えず、内戦はますます泥沼化している。そして、米軍が撤退した後には、無数の地雷や不発弾が残されるのだ。

対人地雷全面禁止条約

１９９７年は対人地雷全面禁止の年だった。１月15日、故ダイアナ英国妃がアンゴラの地雷原に入ったことから、歴史的な一年が始まった。

８月31日、対人地雷廃絶キャンペーンの花だったダイアナ妃が謎の自動車事故で死亡すると、キャンペーンは逆に勢いづいた。

そして12月３日、〈対人地雷全面禁止条約〉にまで一挙に漕ぎつけたのだった。12月10日にはノーベル平和賞が〈地雷廃絶キャンペーン〉に贈られ、華々しい一年が終わる。

が、その後のキャンペーンは尻すぼみ……ところが、２０１３年８月19日、故ダイアナ英国妃の遺児ヘンリー王子（28）がアフリカ南西部　アンゴラを訪問し、地雷の撤去作業をする作業員らを激励した。

〈対人地雷全面禁止条約〉の要点を挙げてみる。

第一条：締約国はいかなる状況下でも対人地雷の使用、開発、生産、取得、貯蔵、保有、直接間接の移転を一切行わない。

第二条：対人地雷とは人の接近、接触で爆発し人間を殺傷する地雷を指す。

第四条：締約国は自国が保有する対人地雷全てを発効から4年以内に廃棄する。

第五条：締約国の自国の管理下にある地雷埋設地域の全ての対人地雷を発効から10年以内に破棄する。

現在、日本やヨーロッパ諸国など約120カ国が〈対人地雷全面禁止条約〉に加盟しているが、イスラエル、アメリカ、ロシア、中国、モロッコなどを始め、不加盟の国も多々ある。これら不加盟の国々が貯蔵地雷の大半を保持しているにもかかわらず、〈対人地雷全面禁止条約〉は不加盟国に対する規制条文を設けていない。

地雷はどこにある?

「〈対人地雷全面禁止条約〉が世界中に知れ渡り、人々は殆どの国がこの条約に加盟し、問題は解決したと信じた。この早合点が問題なのだ」と、MAG（地雷啓発グループ）のルー・マグラス氏は世間の対人地雷に対する関心が薄れたこと、対人地雷の数は減少していないことを訴えた。

（2009年3月15日、デイリーヨミウリ）

対人地雷は約97カ国に、日本人口とほぼ同数の約一億二千万個が埋設されている。
対人地雷貯蔵量は94カ国に、約二億三千万あると推測されている（２００2年3月調査）。
対人地雷犠牲者の大部分は女、子供、老人といった地元住民で、毎年一万五千人から二万人を数える。そのうち三分の一は死亡している。

「エジプト西部砂漠エル・アラメインの対人地雷犠牲・遊牧民６６０人が英国政府を相手どり、年間15億円の賠償金を請求した」（２０１０年3月20日、英国テレビＢＢＣ）

エル・アラメインは、英軍モントゴメリー元帥が無敵の独軍ロンメル将軍戦車部隊を破った、第二次世界大戦の古戦場だ。両軍が撒いた地雷は64キロメートルに及ぶという。人間だけでなく動物の犠牲も後を絶たない。しかし、エジプトは〈対人地雷全面禁止条約〉に加盟しておらず、地雷除去と賠償を訴える遊牧民に耳を貸さない。そこで、遊牧民は元植民地支配国で条約に加盟しているイギリスに訴えたという訳だ。

２０１０年4月2日、4月4日の〈地雷に関する啓発および地雷除去支援の為の國際デー〉に向けて、西サハラ難民と支援者たち約４００人が、地雷撤去要求のデモをモロッコ当局に対し行った。場所はモロッコが占領する西サハラ植民地の領界線から約20キロメートル離れた砂漠だった。

２００9年3月にも同じ地点でデモが行われ、案内人の西サハラ難民が対人地雷で足を吹き飛ばされた。デモ隊の前にはモロッコ軍が作った〈砂の壁〉と呼ばれる地雷原が広がっているのだ。以降、毎年同じ頃、同じ場所で、地雷撤去デモが行われている。

〈砂の壁〉西サハラ地雷原

アフリカ最後の植民地・西サハラには、国連の推測によると６００万個以上の対人地雷や対戦車地雷が埋まっているそうだ。植民地支配国モロッコがイスラエル軍高官の指導で作った〈砂の壁〉は地雷原なのだ。〈砂の壁〉は、北はアルジェリア国境線から南はモーリタニア国境まで全長2、５００キロメートルもある。８、８５１キロメートルの〈万里の長城〉ほど長くはない。１キロメートルあたり1億円もかかるイスラエル防御壁の様に立派ではない。〈砂の壁〉は瓦礫を2メートルほど積み上げたお粗末な壁だ。しかし、２キロメートル毎にモロッコ軍の小要塞があり、戦闘機や戦車などで重装備した約16万のモロッコ兵が展開している。

問題は、モロッコ占領軍が〈砂の壁〉の西サハラ解放区側に50メートル幅の地雷原を作っていることだ。しかも、地雷は砂嵐や洪水で砂漠を漂流し、〈砂の壁〉から何十キロメートルも離れた地点で、地雷犠牲者を出している。

さらに、モロッコ軍は、〈砂の壁〉とは関係なく、新たに地雷を敷設したようだ。元モロッコ兵が証言している。パリ・ダカール・ラリーに参加した数々の車が地雷で吹き飛ばされたのは、モロッコ占領地・西サハラの砂漠や涸れ川や海岸線などなどだった。

何故、モロッコ植民地支配国はこんな恐ろしい悪魔の防御壁を作ったのか？

西サハラを自国領土にしようと企むモロッコ側の、強引な領土略奪戦略史を見てみる。

１９７５年、西サハラの旧植民地支配国スペインが撤退するとすかさず、モロッコは西サハラ

反地雷ノルウェーNGOから派遣され、西サハラ難民キャンプ地雷センターで働くクリスティン。

北部に軍事侵攻し、西サハラ住民の大部分を追放した。難民化した西サハラ住民はアルジェリア砂漠の難民キャンプを拠点に、西サハラ独立運動体ポリサリオ戦線の体勢を整え、占領軍との軍事闘争に突入する。

1979年、モーリタニアが西サハラ南部から撤退した後、モロッコ占領軍は西サハラ全土に展開していく。

そして1981年から1987年にかけ、ポリサリオ戦線の攻勢を防ぐために、モロッコ植民地支配国は西サハラの北から南へ縦断する〈砂の壁〉地雷原を作ったのだ。

1991年、国連がモロッコ帰属か西サハラ独立かを決める〈国連西サハラ住民投票〉を約束した。一旦、モロッコは和平仲介案である国連投票を受諾する。が、投票での敗北を予測し、国連投票を妨害し始めた。

以後、現在に至るまで24年間、西サハラ住民は

〈砂の壁〉地雷原で分断され、大部分はアルジェリアの難民キャンプで、残りはモロッコ占領地・西サハラで、〈国連西サハラ住民投票〉を待ち続けている。

地雷は誰が片付けるのか？

「条約がどうあれ、地雷を埋めた犯人が地雷の後片付けをするものよ」と、西サハラ難民キャンプ地雷センターで働くノルウェーＮＧＯ反地雷組織のクリスティンは語る。

クリスティンによれば、エル・アラメインの場合は、ここに地雷を撒いたイギリスとドイツが犯人になる。一方、西サハラの場合は、モロッコが犯人だ。しかし、モロッコは条約に加盟していない。そして、国連はモロッコの西サハラ領有権を認めず、西サハラの領有権は国連の預かりになっている。

「西サハラは国連の委託になっているのだから、国連が西サハラの地雷を除去すべきなの！　国連投票と同じで、要は国連にやる気があるのかないのかってことよ！」と、クリスティンは語気を強める。

２００５年、西サハラ独立運動指導組織ポリサリオ戦線は、スイスのジュネーブ・コールに署名した。ジュネーブ・コールとは、ポリサリオ戦線のような非国家体の地雷放棄宣言をジュネーブ州が証人として受け取り、國際地雷全面禁止キャンペーンに参加させる活動のことをいう。

２００７年10月から２００８年３月まで、ジュネーブ・コールに呼応したポリサリオ戦線は、モロッコ軍から奪った７５３発の地雷やクラスター爆弾などを処理した。

同じ時期に國際社会から地雷除去を迫られたモロッコ占領軍は、６００万個の敷設地雷のうち僅か７５９個だけを処理した。

絶えない地雷の犠牲者

２０１４年3月31日から4月4日まで、国際地雷週間会議がジュネーブで開かれ、西サハラ地雷委員会代表スム・アムが参加した。代表は、砂嵐や砂の移動で地雷がサハラ砂漠に拡散し、人間だけでなく動物の犠牲が絶えないと訴えた。

２０１４年８月25日、西サハラの若者、アブドッラーヒ・アルハルチがモロッコ占領地のブジュドウール近郊で対人地雷を踏み、死んだ。

９月16日には西サハラ解放区のマハベスで、４輪駆動が対戦車地雷で吹き飛ばされた。〈砂の壁〉の近辺をパトロールしていた西サハラ難民軍の国境警備隊５人の内、一人が死亡し４人が重傷を負った。

地雷の値段は3ドルから30ドル、しかし、地雷が奪う人の命や足、それは金に換算できない高価なものだ。地雷はとほうもなく高額な付加価値を持ち合わせている。

地雷を埋蔵したモロッコは、西サハラ砂漠に埋めた地雷をひとつ残らず撤去する責任がある。アメリカもハリウッド製戦争アクション映画ではなく、本物の〈ハートロッカー〉キャンペーンを展開して、イラクの地雷や不発弾を除去して欲しい。

モロッコもアメリカも〈対人地雷全面禁止条約〉に加盟していない。しかし、國際法上、人道上、地雷撤去はばら撒いた国が責任を負うべきだ。

２０１５年４月14日、パン・ギムン国連事務総長が国連地雷撲滅大使に、〈００７シリーズ〉のジェームズ・ボンド役を演ずる英国人俳優ダニエル・クレイグを任命した。クレイグは３年間にわたり、地雷撲滅に向けての支援活動を行う予定だ。００７のクレイグは任命後に、国連の担当者から地雷の危険性などについて、説明を受けた。

スーパーパワーを持つ００７さん、西サハラの地雷防御壁を何とかしてください。

第3章　国連の決議と難民の援助

（1）国連が頼りの西サハラ

4月25日は、国連憲章を作成する会議が始めて開かれたことに因む〈国連記念日〉だ。そして、２０１０年の4月は日本外交にとって特別な月になった。その4月一杯、日本は国連安全保障理事会で議長国を勤めていたからだ。議長役は、国連安全保障理事会参加国が一ヶ月交代で順繰りにやる。参加15カ国のうち、米、露、中、英、仏の常任理事五カ国には、15ヶ月ごとに議長役が回ってくる。しかし、日本のようなパートタイマーの非常任理事国10カ国には、この晴れがましい大役は任期中にただの一度しか巡ってこない。

4月16日、国連安全保障理事会4月議長の高須幸雄国連大使（当時）に代わって、岡田克也外務大臣（当時）が議長役を演じた。

「凄いね！お宅の外務大臣は!!」と、岡田外務大臣の演説を絶賛するメールが、難民キャンプの友人から届いた。「和平合意を当事者が強い意志を持って実施する。民主的選挙を通じて得られる政治的安定……」というくだりが、彼をいたく感動させたようだ。

違うと思うよ……西サハラ向けではなく、主としてアフガニスタンを念頭に置いた演説だったと思うけど……。美しい誤解はそっとしておこう。

国連観光ツアー

ニューヨークへ行ったら国連観光をしよう。

国連ビルへ入る前に、まず広場にある〈善は悪をやっつける〉と銘打った彫刻の前で、記念撮影をする。像は、善である聖ジョージが悪である竜を、十字架のついた槍で真っ二つに裂いた瞬間を捉えている。〈聖ジョージの竜退治伝説〉はグルジアが起源と言われ、この像もそのグルジア出身の造形作家ズラブ・ツェルティが米ソ冷戦末期に作った。竜は米国製パーシングⅡミサイルと旧ソ連製ＳＳ20ミサイルの残骸でできている。案内人の解説を待つまでもなく〈善・聖ジョージ〉は第二次世界大戦の連合国で、〈悪・竜〉は連合国に刃向かった日本を含む枢軸国なのだ。

１９４５年4月25日、連合国50による最初の国連会議がサンフランシスコで開かれた。そして美辞麗句の文言と共に、敵国条項も採択された。

「敵国という語は、第二次世界大戦中にこの検証のいずれかの署名国の敵であった国」と、国連憲章53条に今も明記されている。敵国とは、日、独、伊以下の枢軸7カ国を指す。

〈敵国扱い〉の次に日本人観光客の納得がいかないものは、国連の分担金だ。国連の財政は加盟１９２カ国の分担金で賄われている。国民総生産などを基準に分担率を決めるそうだ。２０１５年の外務省発表によると、分担率第一位がアメリカの22％、二位が日本の10・８３３％となっている。が、国民総生産が世界第二位になりつつある中国が六位で5・148%とは、どういう訳？　ロシアが十一位で2・438%とは、何故なのだ？　さらに、分担金を全納するのは日本ぐらいで、アメリカは累計で11億1、700万ドル（2002年の段階で）も滞納していると言われている。

いくら日本が貢いでも國際社会が一向に有難がらないのは、〈敗戦敵国〉という名札をいつまでもぶら下げているからではなかろうか？　加えて、言われるままに金を出すからではなかろうか？　国連を知れば知るほど、日本人観光客は国連不信に陥っていく。

やるせない思いで国連観光を終わらせたくない向きには、国連職員食堂をお薦めする。安くてボリュームがあって美味しい。多すぎたらテークアウトをすればいい。セルフサービスだから、言葉など通じなくても平気だ。思いっきり国連を味わってみよう。

国連宣言

「われら連合国の人民は、われらの一生のうち2度まで言語に絶する悲哀を人類に与えた戦争の災害から将来の世代を救い……。（国連憲章前文）」なんて美しい文言なんだろう！

しかし、国連は〈将来の世代を救う〉ことなど出来なかった。パレスチナ戦争、朝鮮戦争、ベトナム戦争、湾岸戦争、イラク戦争と、数々の戦争を許し、今もイラクやアフガニスタンやシリアなどの世界各地で〈言語に絶する悲哀を人類に与え〉続けているのだ。

国連はさらに泣かせる文言を1960年12月に吐いた。それは〈植民地独立付与宣言〉と呼ばれるもので、地球上から植民地を撤廃しようと、次のように訴えている。

「信託統治地域および非自治地域、未だに独立を達成していないその他すべての地域において、これらの地域の住民が自由に表明する意志と希望に従い、完全な独立と自由を享受できるようにするため、すべての権限を彼らに委譲する手段が直ちに講じられねばならない（国連総会決議1514）」


上記の国連総会決議1514に従って総会は、「西サハラや東チモールなどに対して、国連憲章および植民地独立付与宣言に基づく非植民地化の過程の援助を促進するように」と、国連事務総長に命じた。

東チモールでは、1999年8月30日に国連住民投票が実施され、2002年5月20日に独立した。しかし、西サハラでは、いまだに国連住民投票が行われていない。何故だ？

国連安全保障理事会の約束

1980年代半ば、西サハラ独立運動組織ポリサリオ戦線と西サハラ侵略モロッコ軍は、熾烈な戦争を西サハラ砂漠で繰り広げていた。

1985年2月、デクエアル国連事務総長（当時）が紛争仲介に乗り出す。国連は西サハラ紛争当事者を、モロッコ王国と西サハラ独立運動組織ポリサリオ戦線と指定し、両者と交渉を始めた。

１９８８年９月21日、国連安全保障理事会で西サハラ決議６２１が承認された。それは、「国連事務総長に西サハラ問題特別代表を任命する権限を与え、速やかに西サハラ住民の民族自決権をめぐる住民投票を実施する。国連ならびに国連事務総長は常にアフリカ統一機構（現アフリカ連合）と協力しつつ、住民投票を監督し組織していく」というものだ。

１９８８年12月、国連総会は改めて「西サハラ問題は西サハラ住民によって完了されねばならない脱植民地化問題」と、再決議をした。

これまで何度も出てきたが、改めてＭＩＮＵＲＳＯミヌルソ（国連西サハラ住民投票監視団）を説明しておく。

１９９１年4月29日、ＭＩＮＵＲＳＯミヌルソ（国連西サハラ住民投票監視団）構想が国連安全保障理事会で承認された。住民投票とは、植民地支配国モロッコに帰属するか、西サハラとして独立するか、二者択一を西サハラ住民が選ぶ投票をさす。モロッコとポリサリオ戦線の両当事者は国連案を呑んで停戦する。１９９１年9月からＭＩＮＵＲＳＯミヌルソ（国連西サハラ住民投票監視団）が創設され、ＰＫＯ（国連平和維持軍）が西サハラ全土に展開し始めた。

かくして、ポリサリオ戦線が指導する西サハラ独立運動は、銃をオリーブに持ち替えた。国連中心の外交闘争に方向転換したポリサリオ戦線はニューヨークへ、アハマド・ブハリを国連全権大使として送り込んだ。

その当時、地球の真裏側にある日本でも〈日本西サハラ友好議員連盟〉が立ち上がり、国連西サハラ住民投票への期待が高まった。西サハラ独立運動は、まさに清く正しい国連憲章と国連決

MINURSO 国連 PKO テイファリティ基地は、この地で国連西サハラ住民投票を行うために配置されたんでしょう!?

1998年には西サハラ住民投票に向けて国連は、投票人認定作業をし投票用紙と投票箱を用意したのだが……。

議をよりどころにしているのだ。

国連しかない

何度も繰り返えしてきたが、国連のこの和平案を呑みモロッコとポリサリオ西サハラ難民亡命政府の紛争両当事者は停戦したのだ。

〈国連西サハラ住民投票〉では、投票人の認定を、１９７５年のスペイン人口調査に基づいてやることにした。国連事務総長個人特使に元米国務長官ベーカーが任命される。１９９８年、西サハラ難民キャンプで投票人認定作業が行われ、筆者もこの模様を取材した。

しかし、国連基準による投票人ではモロッコに勝ち目はない。そこでモロッコは、大量のモロッコ人入植者とモロッコ兵を西サハラ占領地に棲みつかせた。が、彼らが西サハラの投票人として認められないと分かると、モロッコは〈国連西サハラ住民投票〉を拒否しだした。

その和平案を約24年以上も放置している、国連の責任はどうなっているのか？

以降、国連安保理は年中行事よろしく4月30日になると、さらに一年と〈国連西サハラ住民投票監視団〉の任期を延長している。そして、住民投票に向けての早期打開を両当事者や関係者に促してはいる。しかし、ここ数年来、モロッコは自国に不利な交渉の席に着かなくなった。国連は交渉凍結の責任を両当事者に擦り付けるが、責任は和平交渉提案者の国連にある。

国連安保理はクリストファ・ロス元米国外交官を国連事務総長個人特使として、〈西サハラ住民直接投票〉の早期解決に当たらせている。

そのロスが国連安保理とスペインに宛てて書いた２０１０年７月18日の手紙を、スペイン紙エル・パイスが８月20日に公表した。手紙の要旨は以下の如くである。

「２０１０年２月以来、モロッコとポリサリオ西サハラ難民亡命政府との和平交渉が中断しているのは、モロッコが拒否しているからだ……。交渉を失敗させないためには、国連安保理や友好国や友人たちの強力な助けがいる。わたし（ロス）も国連事務総長もお手上げ状態にある……。和平交渉の失敗は、軍事行動の引き金をひくことになる……。もしモロッコが、西サハラ領有権とサハラ・モロッコ地方州案をポリサリオに呑ませたいのなら、真摯に誠意を持ってポリサリオに説明することだ。脅迫や迫害は逆効果になると、わたし（ロス）は度々モロッコに注意を促してきた……」と、ロス国連事務総長特別個人特使は、和平交渉をのらりくらりとはぐらかすモロッコにうんざりしているようだ。

矛盾と無駄だらけの国連だが、金と力のない非自治地域の住民、アフリカ最後の植民地・西サハラ住民には、そんな国連しか頼る所がないのだ。

（２）阪神大震災援助薬品の一部が西サハラ難民へ

２００９年10月初旬、ＵＮＨＣＲ（国連難民高等弁務官）主催恒例の東京難民映画祭が開かれた。20本の上映作品の中で、一番短くかげ薄いのが、〈ラリア〉と題する西サハラ難民を扱った短編作り話だった。

〈ラリア〉は11歳前後の西サハラ難民少女ラリアを主人公にしたフィクションで、１９９９年公開のスペイン作品である。しかし、50度を越す砂漠の熱さも、零下の冬に襲ってくる砂嵐の痛さも、はえが群がる不潔なテントのすえた臭いも、辛いことは何も伝わってこない。最後の字幕で「西サハラ難民は1975年から難民キャンプ生活を続けている」という説明がなかったら、ありきたりのイメージコマーシャルで終わり、何の問題提起もできなかったに違いない。

日赤兵庫震災援助薬品の一部を西サハラ難民キャンプへ

この映画が撮影されていた頃、私たちジャーナリストで作るSJJA（サハラ・ジャパン・ジャーナリスト・アソシエーション）は、兵庫日赤から頼まれた阪神大震災援助薬品の一部、約1000万円相当を西サハラ難民キャンプに届けようとしていた。

1997年の7月7日に、兵庫県薬務課から頼まれた阪神大震災援助薬品の一部を国連経済制裁下のイラクに届けた。それを知った兵庫日赤から「うちの援助薬品も期限切れが近づいている。どこか受けてくれる所はないか？」との問い合わせがあった。筆者はすぐに西サハラ難民キャンプの赤新月社（イスラム諸国の赤十字社）に連絡し、医薬品と毛布を合わせて約1000万円相当を送ることになる。問題はコンテナ一本の海上運賃409、500円だったが、海事国際協力センターが助けてくれたので、我々の出費は日本国内輸送費とコンテナ購入費と輸出通関書類作成などの諸経費、計284、175円で済んだ。

ちなみにイラクに送った医薬品は約8000万円相当で、どちらも期限が切れたら高い処理費を払って処分しなければならない。心がこもった震災援助薬品を廃棄などできない。

日本赤十字社兵庫県支部・震災援助薬品から西サハラ難民への支援物資
①生理食塩液（５００㎖×30）１１８箱
②生理食塩液フィシザルツ（５００㎖×10）10箱
③ラクテック注（５００㎖×30）１００箱
④ポタコールＲ（５００㎖×30）１００箱
⑤アクチット注（５００㎖×20）25箱
⑥オイグルコン錠２・５ｍｇ（５００錠×20）３箱
⑦キュティプラスト　ステライル（傷テープ）57箱
⑧ディスペックスエグザミネーショングローブ　左右３サイズ　１３６箱
⑨純毛毛布　４４０枚　８８０㎏

かくして、震災援助薬品の一部と援助物資はゴミ捨て場に捨てられることなく、大型コンテナに収められた。

イラクへ医薬品を送る時、国連安保理の許可が必要だった。当時のイラクは過酷で理不尽な国連安保理経済制裁下にあって、イラクへの物流は閉ざされていたからだ。子供への人道支援薬品を強調し、〈ＩＭＡ（Iraq Medical Aid）イラクの子供達に薬を送る会〉という組織を作り、自分たちの手で、モスルとバグダッドとバスラの小児病院に夫々コンテナ一杯づつの医薬品を、無事に送り届けた。しかし、ＮＧＯ人道援助活動などする気はまったくなかったし、薬の運搬など一回こっきりにしようと思っていた。

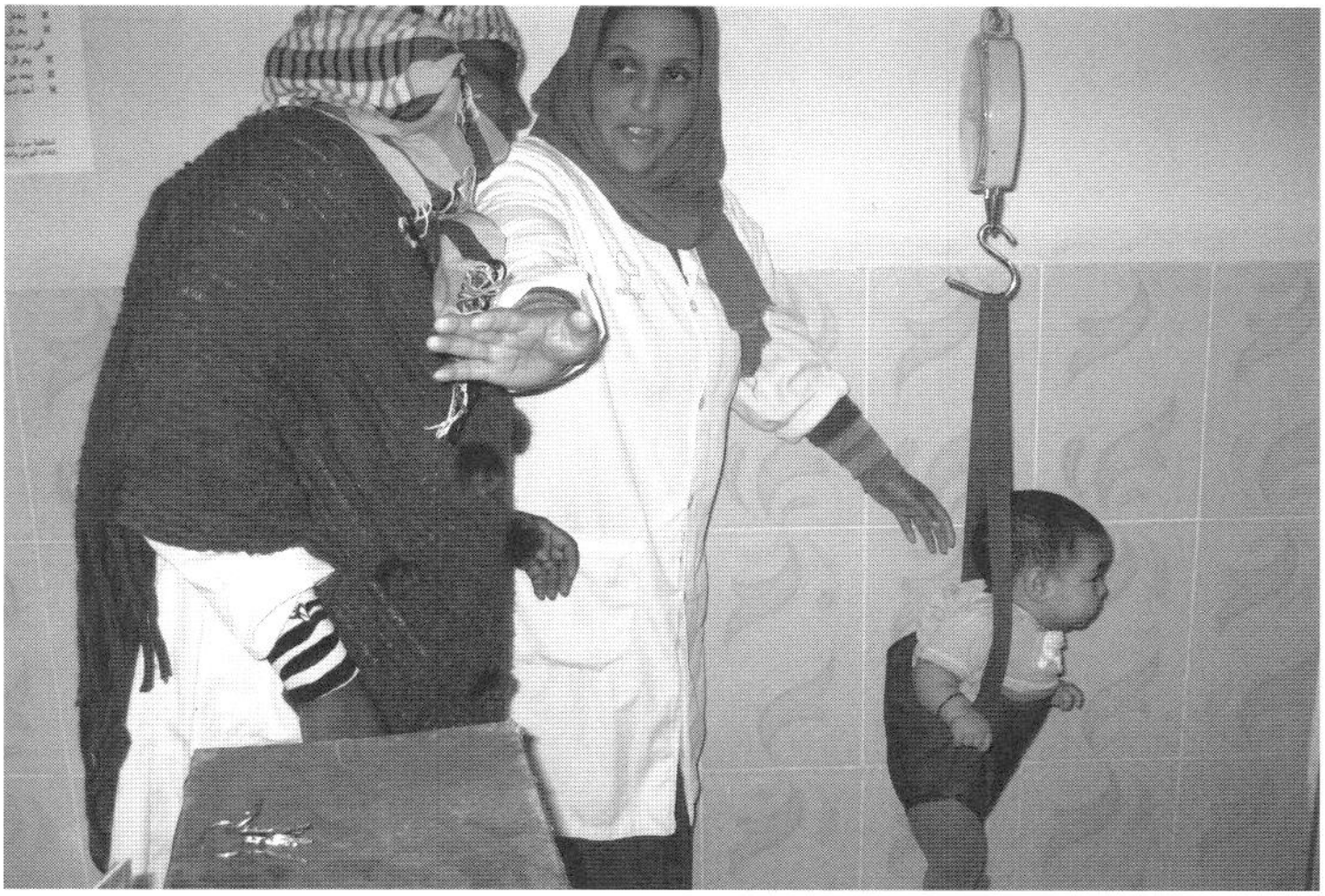

赤ん坊はみんな栄養不足。体重を量る西サハラ難民キャンプのクリニック。

スペイン植民地風建造物が残るエキゾチックなオラン港に、西サハラ難民キャンプ行きの援助物資の大部分が着く。

ところが、またきた薬運び「しゃあないなあ……」と、作業に取り掛かったのだが、西サハラ難民の子供たちに贈る薬なのに、〈IMAイラクの子供達に薬を送る会〉という名称では、子供たちに失礼だと思ったので、SJJA（サハラ・ジャパン・ジャーナリスト・アソシエーション）なる組織を急きょ立ち上げた。

西サハラ難民援助

1997年12月21日にSJJA（サハラ・ジャパン・ジャーナリスト・アソシエーション）は、神戸から大型コンテナ一本を輸送船マースクに積んだ。翌1998年2月初頭にアルジェリアのオラン港でマースクの到着を待った。ノーベル文学賞作家カミユが書いた「ペスト」の舞台になった港町だ。オラン港から他の援助トラックとコンボイを組み、山賊が横行する雪のアトラス山脈を越えサハラ砂漠に入る。全工程約2000キロメートルを走破し、アルジェリア西端の軍事基地ティンドゥフに着く。

そこからさらに約50キロメートル、砂漠の奥深く入った所にある西サハラ難民政府センターで、援助トラックはエンジンを止める。

西サハラ難民がテントを張る砂漠は、不毛の礫砂漠で地下水に乏しく、あっても塩分を含んでいて飲み水にも耕作にも適さない。飲み水はアルジェリア軍事基地ティンドゥフから貰い水。それでも辛抱と根性の西サハラ難民は実験農場を作り野菜栽培を試みる。が、年に一度穫れる栄養失調の人参やジャガイモなどは極く少量で、病院にまわるだけ。一般の難民が生野菜を口にすることは殆どない。

食料は？　服は？　薬は？　一体どうやってまかなっているのか⁉　全て貰い物。ＵＮＨＣＲ（国連難民高等弁務官）、ＷＦＰ（世界食料計画）、ＩＲＣ（国際赤十字）などの国際援助団体やＮＧＯの支援に頼っている。しかし、西サハラ難民は貰い物をするからといって、決して媚びないし卑屈にもならない。ただ、援助団体も自分たちの慈善気分が満たされないとなると、あっさり引いてしまうので、西サハラ難民自らがあの手この手の外交手腕を駆使し、援助物資をかき集め続けている。

援助物資は西サハラ難民政府の配給委員会が管理し、平等に分配される。西サハラ難民キャンプは１９９０年代初頭まで、貨幣流通のない原始共産主義社会だった。

が、しょせん難民援助食料品は豆、小麦粉、食用油、砂糖、塩などといった命を繋ぐだけの最低カロリー食。薬品倉庫はいつもガラガラだ。５歳以下幼児の14％は重度栄養失調、35％は慢性栄養失調、残りは貧血症、子供たちはみんな栄養不足だ。

西サハラ難民政府を承認する国々

（２００8年の調査で、２０１１年に改訂Ｙａｈｏｏジオシティーズの記録から）

世界で46カ国が西サハラ亡命政府ポリサリオ戦線を正式承認し、合計90カ国が西サハラ人の民族自決権を認めその行使を支持している。

西サハラ亡命政府（サハラ・アラブ民主共和国）ポリサリオ戦線を国家として認めているのは、

アルジェリア、アンゴラ、ベリッツ、バヌアツ、ボリビア、ボツワナ、バルバドス、チャド、キューバ、カンボジア、東チモール、エクアドル、エチオピア、ガーナ、グアテマラ、ガイアナ、ハイチ、ホンジュラス、イラン、ジャマイカ、レソト、リビア、ラオス、マリ、モーリシャス、メキシコ、モザンビーク、モーリタニア、ナミビア、ニカラグア、ナイジェリア、パナマ、パラグアイ、パプアニューギニア、ルワンダ、南アフリカ、シリア、タンザニア、トリニダド&トバゴ、ウガンダ、ウルグアイ、ベネズエラ、ベトナム、ザンビア、ジンバブエ、南スーダンなどである。

その内、アルジェリア、アンゴラ、ベリッツ、バヌアツ、ボリビア、ボツワナ、チャド、キューバ、東チモール、エクアドル、エチオピア、ハイチ、レソト、モーリシャス、メキシコ、モザンビーク、ナミビア、ニカラグア、ナイジェリア、パナマ、タンザニア、ウガンダ、ウルグアイ、ベネズエラ、ザンビア、ジンバブエ、南スーダンには西サハラ亡命政府ポリサリオ戦線の大使館がある。

西サハラ亡命政府ポリサリオ戦線を正式に承認していないが代表部を置いたり、西サハラ人の民族自決権を認めその行使を支持しているのは、オーストリア、オーストラリア、ベルギー、ベニン、ブラジル、ミャンマー、ブルンジ、カナダ、チリ、中国、コロンビア、コスタリカ、キプロス、デンマーク、ドミニカ、エジプト、エルサルバドル、フィジー、フィンランド、ドイツ、ギリシャ、ギニアビサウ、ハンガリー、アイスランド、アイルランド、イタリア、ヨルダン、マレーシア、ニュージーランド、ノルウェー、ペルー、ポルトガル、コンゴ共和国、ロシア、セントクリストファネイビス、セントルシアサントメ・プリンシペ、セイシェル、スロヴァキア、スロヴェニア、スペイン、スリナメ、スエーデン、スイス、英国、米国、などである。

ＡＵアフリカ連合、ＣＡＲＩＣＯＭカリビアン・コミュニティ、ＮＡＭ非同盟運動などは西サハラ亡命政府ポリサリオ戦線を正式承認している。国連は勿論、西サハラ人の民族自決権を尊重し、最後のアフリカ植民地解放を目指す両当事者の一方に、西サハラ人の代表としてポリサリオ戦線を指名している。ラテンアメリカグループＲｉｏ-Ｇｒｏｕｐも国連と同じ立場をとっている。

西サハラ難民政府を認めない国

（２００８年の調査で、２０１１年に改訂Ｙａｈｏｏジオシティーズの記録から）

一方、植民地支配国モロッコの西サハラ領有権を認め、モロッコを支持しているのは、アルゼンチン、バーレーン、ブルガリア、カメルーン、中央アフリカ、フランス、ガボン、ガンビア、インドネシア、クウェート、マケドニア、マダガスカル、マラウィ、ネザーランド、ニジェール、ルーマニア、サウジアラビア、セネガル、セルヴィア、スーダン、トルコなどである。

日本は西サハラ亡命政府ポリサリオ戦線を国として認めていなし、代表部も置いていないし、正式な意思表明もしていない。

ノーベル平和賞受賞者オバマの言葉

「あなたの故郷アフリカには、いまだに前世紀の遺物である植民地が残されています。アフリカ最後の植民地・西サハラをチェンジしてください」と、SJJAは2009年2月10日、3月18日、4月15日、オバマ大統領に直訴状を送った。

「あくまで国連が主導する交渉で、紛争両当事者が納得のいく結論を達成すること。私は国連事務総長代理のクリストファー・ロスを全面的に信頼している。」と、オバマ大統領は2009年7月3日、モロッコ王に宛てた書簡の中で、国連を無視するモロッコに圧力をかけた。

「両当事者の協議は真摯でオープンで友好的な雰囲気の中で行われた。私は交渉の進展に関して楽観している」と、オバマ大統領の命を受けたロス国連事務総長個人特使は2009年8月10日から「モロッコvsポリサリオ戦線直接交渉」のエンジンを加速させた。

「西サハラの長期紛争解決策としては、民族自決権を行使できる住民直接投票が一番だ」と、AUアフリカ連合首脳会議も2009年8月31日にロスの意向を承認した。

「西サハラ難民援助資金に1千2百万ドル（約11億4千万円）を確保できた。しかし、難民の数は16万5千人から20万人に膨れあがっていて、まだまだ足りない。献金は必ずUNHCRを通してやること」と、アントニオ・グテッレス国連難民高等弁務官は2009年9月9日に難民キャンプを訪れ、さらなる献金をねだった。弁務官の西サハラ難民キャンプ訪問はアガ・カーン元弁務官訪問以来、実に33年振りになる。

「アメリカ合衆国は、自分たち自身の運命を自分たち自身で決めようとしている人々の権利を支持する。アメリカ合衆国はその支援の立場を決して崩しはしない。」と、２００９年９月23日、オバマ大統領は国連で約束した。この言葉を西サハラ難民も西サハラ植民地住民も熱く受け止めた。

10月５日から９日まで恒例の国連非植民地化第四委員会が開かれ、改めてアフリカ最後の植民地解決策が討議された。10月16日には会議に出席したＮＧＯ諸団体が、世界各地で「アフリカ最後の植民地解放」をアピールする。

10月12日には毎年、「西サハラ国民統一の日」が西サハラ難民キャンプで祝される。祖国西サハラの植民地解放闘争を西サハラ民族全員が誓った日だ。

長い難民生活と占領生活に耐え戦っている西サハラの人々は、オバマ大統領が言う「アメリカの支援」に賭けている。

「核なき世界宣言」に加え「世界の人々に希望を与えた」という理由でノーベル平和賞を手にしたオバマ大統領。たくさんの美しい言葉を吐いたオバマ大統領……。吐きっぱなしは困る。行動で示して欲しい、この必死な西サハラ民族を裏切らないで欲しい。

忍耐と努力をモットーとする西サハラ難民を、〈砂漠のアリ〉と仇名して、国連難民高等弁務官の職員が賞賛した。しかし、オバマ大統領、「砂漠のアリ」の針には猛毒が潜んでいることも、忘れないで欲しい。

（3）アルジェリアの援助

アルジェリア民主人民共和国は、150万以上というアルジェリア人犠牲者を出して、1962年に旧植民地支配国フランスから独立を勝ち取った。自国他国を問わず、庶民に対して信義の熱い国である。40年にわたりに西サハラ難民の支援を続けていることが、その証拠だ。

アルジェリアを始め、殆どの国が独立記念日を持っている。ところが日本には見当たらない。世界中で一番祝祭日の多い日本なのに、庶民が自慢できる独立記念日やそれらしき日はない。もっとも日本庶民自身が勝ち取った独立や権利などなきに等しいのだから、ないものねだりなのかも……。だから、施政者には庶民に対する信義がないのかなあ？……。

アルジェリアの独立運動を学び、西サハラに対するアルジェリアの想いを共有したい。

この章の終わりに、シド・アリ・ケトランジ駐日アルジェリア大使から届いた、西サハラ問題に関する特別メッセージの日本語意訳と原文（英語）を紹介しておく。

アルジェリアの対仏独立戦争小史（1954〜1962）

1830年、フランスがアルジェの町を占拠した。

1832年、アルジェリア人宗教家アブデ・ル・カーデルがイスラム教をかざして、フランス占領軍に叛旗を翻す。が、1847年にはフランス軍に投降してしまう。

1854年、ついにフランスはアルジェリア全土を支配下に置く。フランスの狙いは地中海沿岸からアトラス山脈までの肥沃なグリーンベルトで、主として葡萄栽培と葡萄酒製造のために大量のヨーロッパ人入植者を送り込んだ。ただし、労働者はただ同然の現地アルジェリア人奴隷だった。1921年の統計によると、アルジェリア全人口5、804、200人に対してヨーロッパ人入植者は720、700人とある。また、アルジェリア全土の80％を占めるサハラ砂漠には、石油が見つかっていなかった。

第一次世界大戦後には、〈北アフリカの星〉と名乗るアルジェリア反植民地運動が、パリに住むアルジェリア人労働者を中心にして密かに活動していた。

そして、1954年11月1日、FLNアルジェリア民族解放戦線が武装闘争を開始する。「アルジェリアは我らの祖国、イスラムは我らの宗教、アラビア語は我らの言葉」というアブデ・ル・ハミードの叫びが、カビール山中のスッマーン峡谷からアルジェのカスバまでこだましていったのだ。

1956年からFLN民族解放戦線はアルジェ市街地で、フランス人が経営しヨーロッパ人がたむろする映画館やバーやカフェを狙った爆弾テロに突入した。FLNアルジェリア解放戦線のゲリラ攻撃に手を焼いたフランス植民地当局は、本国にSOSを発進した。仏国防省は仏軍落下傘部隊などを大量に派遣する。残忍で悪名高い仏軍落下傘部隊は、女や子供に至るまでカスバの住民を拷問し、FLN中枢部をつきとめ民族解放戦線の首謀者を消そうとした。しかし、結局アルジェリアから消されたのはフランス軍のほうだった。

「カスバ全部を爆破しとけばよかったんだ」と、元仏軍落下傘部隊隊員はうそぶく。しかし、た

アルジェリア革命の拠点だったカスバの中は入り組んで狭く、今もロバが運搬に一役買っている。

アルジェリアの首都アルジェにあるカスバから見たケチャウモスクとアルジェ港。

とえ数万人のカスバ住民全員を皆殺しにしても、独立を熱望する1000万人アルジェリア人全部を抹殺することはできない。

1958年6月6日、仏軍は643、000人の兵力をアルジェリアに投入した。折しも不毛のサハラ砂漠に石油が溢れ出し、フランスはアルジェリアを手離したくなかった。が、フランスは141、000人の仏兵戦死者を出し敗退していった。

1962年7月6日、フランスはアルジェリアの独立を認めた。しかしフランスはその後も、アルジェリア戦争を〈北アフリカに於ける秩序維持作戦〉と称し続け、〈アルジェリア戦争〉の呼称と戦争敗北を認めたのは、やっと、1999年になってからのことだった。

アルジェリア浪漫

アブデ・ル・カーデル元観光大臣のご案内で、古代ローマ帝国時代の航路を辿ったことがある。その船上で、「①に砂漠、②に古代壁画、③に古代ローマ遺跡、④にイスラム文化、⑤に懐かしのヨーロッパ文化……。アルジェリアはまさに自然と文化が織り成すパノラマだ」と、観光大臣はアルジェリアのお国自慢をした。「でも、お国にはテロが……」と、筆者が水をさすと、「他国のテロはアルジェリアの比じゃない。エジプト、スペイン、イギリス、フランス……。どの観光国もテロだらけ。しかも他国のテロを非難し戦争に利用するアメリカは、世界一のテロ大国だ。どの国も自国のテロに目をつぶり観光客を誘致する。隣の小国チュニジアですら年間300万ドル以上の観光収入を上げている。アルジェリアはエネルギー資源頼みで観光資源を疎かにしてきた。これからは、日本の皆さんもアハラン・ワ・サハラン（アラビア語で、いらっしゃい）！」と、観光大臣は宣伝した。

フランス人は広大なサハラ砂漠と藍色のターバンに民族衣装ガンドゥーラを翻らせラクダを駆使するトゥアレグ族に夢中だ。イタリア人は独立戦争の臭いが残るカスバにご執心だ。スイス生まれの建築家コルビュジエは、ガルダイヤの伝統的砂漠要塞を絶賛する。

さて日本人は〈ここは地の果てアルジェリア、どうせカスバの夜に咲く（1930年代の歌）イメージから抜け出していないようだ。外務省がアルジェリア各地に夫々〈渡航延期〉、〈渡航検討〉、〈十分注意〉などと貼ったレッテルを剝がしていないせいもある。

足止めを食わされている日本の方々、せめて映画でアルジェリア浪漫を味わってください。年代順に主なところをならべておきます。

① 望郷（仏・1937）、② アルジェの戦い（伊・1966）、③ ジャッカルの日（英仏・1973）、④ 命の戦場（仏・2007）

アルジェリア革命を楽して知りたい方には、②の〈アルジェの戦い〉（1966イタリア同年ヴェネツィア映画祭金獅子賞）というセミドキュメンタリー白黒映画をお勧めします。史実に沿った映画の荒筋を紹介します。

「時は1950年代初頭のフランス植民地下アルジェリア。場所は首都アルジェのカスバ。コソ泥のアリは刑務所で反政府ゲリラの処刑を目撃し怒りを覚え、独立運動に身を投じる。アリは、アルジェリア民族解放戦線（FLN）が組織した軍事部門アルジェリア国民解放軍（ALN）の傘下で武装闘争に参加した。１９５７年にはフランス本国からマチュー将軍が派遣され徹底した抗ゲリラ作戦が展開される。指導者となったアリもカスバのアジトに追いつめられ爆死した。フランスはゲリラ部隊の指導者を次々と逮捕し虐殺した。１９５８年、フランスは抵抗組織を壊滅したと思った。が、２年後にアルジェリア全土に民衆のデモが湧き起こる…」

サハラ砂漠フランス核実験（１９６０〜１９６６）の記録映画

フランスに住む友人の記録映画作家ジャメル・ワハブは、独立プロでアルジェリア移民二世の問題を追い続けている。アルジェリア戦争の時フランス側に味方して戦った25万のアルジェリア人（通称アルキ、harki）が、アルジェリア新政府の復讐を恐れてフランスに移民した。ジャメルの一家もアルキと呼ばれる移民だ。アルキは移民を嫌うフランス人達に虐められ、二級市民の生活を強いられている。

その移民二世のジャメルが〈青い飛び鼠〉と題する、サハラ砂漠でのフランス核実験被爆者映像を、２００９年に発表した。

フランスは植民地アルジェリアのサハラ砂漠レッガヌ地方で、アルジェリア戦争真っ最中の１９６０年から１９６１年にかけて、計四回の大気圏核実験を行っていた。インエケル地方の地下では、１９６１年11月９日から１９６６年２月16日まで13回の地下核実験を行った。核実験と知らされず実験場で働かされた現地人やフランス兵たちは被爆し、医者から原爆病と告げられ、フランス政府に核実験の資料公開と被爆補償を求めたが、フランス政府は取り合わなかった。

しかし、ジャメルの告発記録映画が引き金になって、核実験から49年経った２００９年３月、仏国防相エルヴェ・モランが核実験被害補償に向けて、仏核実験に関する資料公開を約束した。同年３月24日、仏核実験被害者補償に13億３千万円の予算を計上すると約束した。

２０１０年２月16日にはフランス紙パリジャンが、「１９６０年～１９９６年仏核実験報告書（国防機密文書）」２６０頁全文を暴露した。

アルジェリアと日本人

少しはアルジェリアが近く感じてきましたか？

一方、アルジェリアの人々は日本人を、独立運動の恩人だとばかりに熱い思いを寄せてくれている。それは、北村徳太郎（１８８６～１９６８）、淡徳三郎（１９０１～１９６８）、宇都宮徳馬（１９０６～２０００）という偉大な三徳人、そして当時の全学連のおかげだ。

徳太郎、徳三郎、徳馬３人のＦＬＮアルジェリア民族解放戦線に対する支援は、１９５７年にカイロで開かれたアジア・アフリカ諸国会議（通称バンドン会議）に始まる。超党派議員連盟58名が参加したこの会議の後、３人はアジア・アフリカ諸国との連帯がアルジェリア独立運動の支援に繋がっていくと確信した。アルジェリア独立戦争の真っ只中にあった１９５８年、３人はＦＬＮアルジェリア民族解放戦線代表のアブデ・ル・ラーマン・キワンを原水爆禁止世界大会へ招待した。そして、ＦＬＮ東京事務所と〈日本マグレブ協会〉を立ち上げた。〈日本アルジェリア協会〉としなかったのは、植民地支配国フランスの妨害を避けるためだった。３徳人は夫々、戦前の京都学生運動に関係がある。京都生まれの徳太郎はクリスチャンとして平和運動に関わり、徳三郎は京都大学学生運動を指導して逮捕され、後を継いだ徳馬も検挙された。戦後はそれぞれ転向を余儀なくされるが、アルジェリア革命には一貫して支援の手を差し伸べた。

「アルジェリアの独立運動がアフリカ大陸全土の解放を鼓舞し、世界の平和と正義の実現に繋がっていく」と、アルジェリア大使は自身たっぷりに語る。日本人には、気おくれしてとても吐けない台詞だ。羨ましくもあり、悲しくもある。

アルジェリア大使メッセージ

「西サハラの人々は39年間も民族自決権の為に闘っている。この権利は１９６０年12月14日になされた国連総会１５１４決議に基づいている。〈脱植民地憲章〉として知られているこの決議は、特に、アフリカやアジアに於ける植民地時代の終焉を強く促している。54年を経た今も、この定義はまだ強制力を持っている……。では、西サハラの人々に、アフリカ最後の植民地に、この決議はどんな対応を取っているのだろうか？

西サハラの人々に対する民族自決権は、国連安保理によって定期的に再容認されてきたが、実を結んでない。モロッコは未だに当該地を、全く不法に占領し続けている。そのことが、民族自決権に基づいた解決を目指す国際社会の努力を削いできた。そのこと（モロッコ占領）は、ある西側国の後ろ盾を得て、国際正義の尊重を促す国連を明らかに馬鹿にしているように見える。

民族自決権に基づく行動計画はアフリカ統一機構によって適用され、１９９０年6月に国連安保理によって承認されたということを思い起こす事は、非常に重要だ。

その計画は、１９９1年9月6日に停戦をもたらした。結果として、西サハラの人々の武装軍隊ポリサリオ戦線は、勇気をもって武装闘争を終わらせ、その法的な理念を追及していくという政治の道を選んだ。

安保理の調停提案をモロッコは正式に受け入れた、が、全く実行に移されることはなかった。住民投票組織は実施に向けて始動したが、中断した。

アルジェリアは、モロッコと西サハラの人々が根本的に本質的に対立している、西サハラ紛争の当事者ではない。領土的野望など抱いていないし、アルジェリアは公式に真摯に、西サハラの人々が彼らの未来を選択する自由な住民投票をし、その結果を受け入れるものと、認識している。それが独立であろうが、モロッコ王国に併合であろうが……。

隣国として、国際上の正当性と地域の安定性を目指し、アルジェリアはモーリタニアと共に、モロッコとＲＡＳＤとの非公式会談に於ける証人として参加している。それは、民族自決権に基づく解決策を探すためでもある。アルジェリアは、西サハラ国連事務総長個人特使クリストファー・ロス氏の尽力を全面的に支持している……。彼は正当な権利に基づく解決策を見つけようとしているのだ。

例えば、ＥＵ委員会は民族自決権を認めた。スエーデン議会は、２０１2年に彼らが誇るスエーデン政府にＲＡＳＤの国家承認を求める決議をした。他の民主主義国家の諸議会議員たちも政府に対して同様に、国家承認をするよう働きかけている。彼らはまた、国連安保理の的確な決議に基づいて、早期に民族自決権住民投票を組織するようモロッコに圧力をかけることを迫った。

モロッコの不法な占領政策で、占領下の西サハラでは恒常的な人権侵害状況が続いている。現在、人権状況は一発触発状態にある。国際アムネスティーや、ヒューマン・ライト・ウオッチや他のＮＧＯが、これらの暴挙を告発している。

さらに、モロッコは西サハラの天然資源を不法に盗掘している。これらの天然資源もまた、守られなければならない。モロッコ占領下の西サハラ生産品を輸入している国々は、この観点から道義上と法律上の責任が問われる。

サハラの人々は、平和的に、彼らの法的権利確保を目指し戦っている。その戦いは、建設的な精神と長期の忍耐でアピールされてきた。その戦いは、民主的で平和を愛する世界中の人々から全面的な支援を受けている。

２０１５年１月

シド・アリ・ケトランジ　アルジェリア大使

アルジェリア大使メッセージ原文

The Western Sahara issue

Saharan people has been fighting for its right of self determination for 39 years. A right that was established by the United Nations General Assembly resolution 1514, adopted on 14th December 1960. This resolution, known as the "decolonization charter", enounced the necessity to put an end to colonial epoch, particularly in

Africa and Asia.54 years later, the question still arises with force: what about the application of that resolution to the west Saharan People, to the last colony in Africa?

The right of self determination for West Saharan people is regularity reiterated by the UN Security Council, with no effect. Morocco is still occupying that territory in full illegality. It continues to hurdle the efforts of the international community towards a solution based on the right of self determination. It seems to be encouraged in its denial by some western powers and the apparent inability of the UN to impose the respect of international legality.

It is important to remind that a settlement plan based on the right of self determination was adopted by the Organization for Africa Unity and endorsed by the he UN Security Council UN, in June 1990.

That Plan led to a cease fire which took place on 6th September 1991. As a result, the armed arm of Saharan people, the Polisario Front, courageously decided to end the armed struggle and choose a political way to advance its legitimate cause.

The Security Council settlement Plan was officially accepted by Morocco but never put in practice. The organization of the referendum which started to be put in place aborted.

Algeria is not part of West Sahara conflict which fundamentally and essentially opposes Morocco to the Saharan people. Having no territorial ambition, Algeria has officially and solemnly declared that it will accept any result of a referendum giving the Saharan People possibility to freely decide its future: whether independence or inclusion in the kingdom of Morocco.

As a neighbor country, committed to international legality and regional stability, Algeria is, along with Mauritania, an observer in the current informal discussion between Morocco and the RASD, in order to facilitate the research of a solution based on the right of self determination. Algeria fully supports the efforts of the Special Envoy to of the Secretary General of UN for Western Sahara, Mr. Christopher Ross, to find a solution based on this intangible right.

For instance, European Council had recognized its right of self determination. The parliament of Sweden adopted, in December 18th 2012, a resolution asking the Swedish government to recognize the RASD. Other parliaments in democratic countries are pushing for such recognition by their respective governments. They are also urging them to make necessary pressures on Morocco for the organization of the long waited referendum for self-determination, in accordance with the pertinent resolutions of UN Security Council.

In fact, du to Moroccan illegal occupation, the situation of human rights has gravely deteriorated in the occupied part of Western Sahara. Today the situation of human right is explosive. Reports of Amnesty international, Human Right Watch and others NGO, have denounced those violations.

Moreover, Morocco is illegally exploiting the natural resources of the Western Sahara. Those resources should also be protected. Countries that import products for Western Sahara under Moroccan occupation have a moral and legal obligation in this regard.

Saharan people are fighting peacefully for their legitimate rights. It has demonstrated constructive spirit and long patience. It deserves the full support of democrats and peace loving peoples all over the world.

Sid Ali KETRANDJI Ambassador of Algeria
January 2015

（4）欧米の援助

「アルジェリアにある西サハラ難民キャンプの外国人宿泊所に、マリ方面から来たＡＱＩＭアキムとみられるテロリストグループが四輪駆動車で襲撃してきた。テログループは３人のヨーロッパ人を誘拐し、来た方向へ逃げ去った」と、２０１１年10月23日に英国ＢＢＣが報道した。誘拐されたアインフォア・フェルナンデス（スペイン女性）、エンリコ・ゴンジャロンス（スペイン男性）、ロセッラ・ウルック（イタリア女性）の３人それぞれは、西サハラ難民を支援する別々のＮＧＯ団体に属している活動家たちである。

モロッコ政府はすかさず、「西サハラ政府がテロリストグループ、ＡＱＩＭアキムと共謀し、自作自演した偽造誘拐だ」との捏造情報を流した。ＡＱＩＭアキム（Al-Qaeda in the Islamic Magreb）とはマグレブ・イスラムのアルカイダを意味する。マグレブは北アフリカを指す地名である。

欧米の支援活動家を誘拐したＡＱＩＭアキム

誘拐事件が起きたのは、10月22日土曜日の真夜中である。毎土曜日の真夜中、正確には日曜日の０時30分に首都アルジェ発の定期便がティンドゥフ空港に到着し、難民キャンプのポリサリオ難民軍兵士たちは外国からの訪問者たちを飛行場に迎えに行く。飛行場から約50キロ離れた難民キャンプの外国人宿泊所が、一番手薄になる時間帯なのだ。

外国人宿泊所の周りにはボロボロの金網が張り巡らされていて、二ヶ所ある門には南京錠がかけられていて守衛もいる。が、金網が一箇所壊れていて、そこから誰でも自由に出入りができる。

西サハラ難民キャンプでAQIMの一派に誘拐され、９か月後に解放された３人のヨーロッパ人。身代金は？　払ったそうだ。(SPS提供)

一週間に三回のアルジェ・ティンドゥフ間フライトスケジュールを知っているよそ者？　抜け網を知っているよそ者？……。筆者には思い当たる節がある。それはポリサリオ西サハラ難民亡命政府解放区で難民の世話になっているマリ難民、外国人宿泊所前に新しくできた食堂で働くマリ難民、彼等なら容易く英国ＢＢＣが言うところのマリに拠点を置くＡＱＩＭを、難民キャンプの外国人宿泊所に手引きすることができる。

10月25日、スペイン外相トリニダドがモロッコを訪問し、誘拐されたスペイン人の釈放要請をした。何故スペインは真っ先にモロッコに助けを求めたのか？　それは、ＡＱＩＭアキムと難民政府の繋がりを非難するモロッコ自身が、そのＡＱＩＭアキムと繋がっているからなのでは？　スペインは西サハラの旧植民地支配国で、モロッコは現植民地支配国である。両国とも西サハラ植民地の独立に反対しているし、これまでも両国は共謀して西サハラ難民政府を陥ようと、度々、企んできた。

２０１２年５月、西サハラ難民キャンプで人質になった３人のための解放交渉団と誘拐犯人組織ＭＵＪＡＯとの解放条件は〈既に逮捕されていた犯人２人の解放＋身代金〉だった（ＡＦＰ発）。ＭＵＪＡＯムハオ（Movement for Oneness and Jihad）とはＡＱＩＭアキムの傘下にあるイスラム過激組織で、マリ北部やモーリタニアに展開していると言われている。身代金に関して西側の解放交渉団長ジルバートはノーコメントだった。

２０１２年７月18日、めでたくヨーロッパの活動家３人はマリのガオで解放され、ブルキナファソから帰国の途についた。その頃すでに、犯人２人は逮捕されたモーリタニアから出国し、祖国マリで３人解放のニュースを聞いていたそうだ。

しかし、日本外務省のアルジェリアに対する最新渡航情報（危険情報）では、「ティンドゥーフ（ティンドゥフ）県南部のモーリタニア国境付近には、西サハラ難民キャンプがあり、２０１１年10月、人道支援活動を行うＮＧＯのメンバー（スペイン人２人、イタリア人１人）が誘拐されました（２０12年７月にイタリア人は解放）」と明記されている。

解放されていないスペイン人人質はどこにいるのですか？　外務省さん、教えてください!!

ケリー・ケネディイ　正義と人権のロバート・ケネディイ・センター所長

故ジョン・ケネディ大統領の姪で故ロバート・ケネディの娘であるケリー・ケネディはニュー

ヨークにある〈人権と正義のためのロバート・ケネディ・センター〉の所長で、アムネスティー・インターナショナルの副議長も務める人権活動家だ。１９８７年にロバート・ケネディー・センターを創設して以来、西サハラ民族を支援し続けている。

叔父さんのエドワード・ケネディは２００９年８月25日に逝去するまで、ロバート・ケネディ・センターの特別顧問をしていた。〈正義と人権のため〉とサブタイトルがつくこのセンターは、世界の平和人権活動家たちを支援し、ロバート・ケネディ賞を設けている。

２００８年、エドワード・ケネディは西サハラの人権活動家アミナトゥ・ハイダル女史に、ロバート・ケネディ賞を授与した。

２０１２年８月24日から31日にかけて、ケリー・ケネデイー以下10数人が西サハラ難民キャンプとモロッコ占領地・西サハラを訪問した。

団長：ケリー・ケネディ（ロバート・ケネディ　センター所長）

マリー・ローラー（人権擁護最前線のディレクター）

マーガレット・メイ（全米人権裁判所判事）

エリック・ソッテ（拷問反対団体の前事務局長）

その他、弁護士や法律家や人権専門家やロバート・ケネディー・センター職員など

「ロバート・ケネディ・センター訪問団は西サハラ政府要人や難民に会い、モロッコ占領地・西サハラに入り西サハラ住民に対する人権侵害の実態を検証した。訪問団の報告を全世界に流し、国連西サハラ住民投票の施行を援助し、モロッコ占領政策の見直しを促したい」と、ケリー・ケ

ネディは訪問の成果を述べた。

ケリーの父、ロバート・ケネディーは親日家だった。１９６２年２月、ケネディー大統領の弟で当時の司法長官だったロバート・ケネディー（１９２５～１９６８）は、兄大統領訪日の先触れとして日本を訪問した。日本外国特派員クラブで記者会見をし、早稲田大学の大隈行動で講演をした。その時、日米安保条約に反対する学生たちがロバートに論戦を挑み、そのうえ停電になって、会場は大混乱した。しかし早大生の〈進取の精神〉に魅せられたロバートは、２年後に来日した時にも早稲田に来校し、〈都の西北早稲田の森に……進取の精神〉と校歌斉唱したそうな……。

ロバート・ケネディーは大統領選挙戦最中に銃撃され、１９６８年６月６日に死亡した。

西サハラ記録映画を撮りまくる欧米映画人たち

２０１２年５月に西サハラ難民キャンプで、難民映画祭が開催された。グランプリ「白ラクダ賞」は「Sons of the Clouds- Last Colony（雲の息子たち・最後の植民地）」に与えられた。オスカー受賞俳優ハビエル・バルデムが制作・監督・主演した、スペイン製の西サハラ記録映画だ。奥さんのスーパースター・ペネロペ・クルスやお母さんたちも巻き込んで、ハビエル・バルデムは西サハラ支援を続けている。

灼熱のサハラ砂漠を、ターバンを翻らせ、ラクダの群れと渡ってくる遊牧民……。今も昔も変わらず欧米映画人が大好きな素材だ。テロ事件とか国家間の利害に関係なく、自慢の西サハラ映画を引っ提げた映画人たちが、一年一度の難民映画祭に集まってくる。

日本では、毎年10月にＵＮＨＣＲ（国連難民高等弁務官）東京支部が世界中の難民を対象にした難民映画祭を催している。友人のスペイン映像作家ヤゴが２０１３年難民映画祭に〈解放区〉という題の西サハラ難民映画を出品した。が、落選した。

そんなヤゴからメールが届いた

「ガキの頃から西サハラ紛争に魅かれていた。スペイン援助団体の一つに連絡を取ったりしていたが、兵役に就いたため西サハラから遠ざかっていた。

１９９８年、地方ＴＶ局（マジョルカ島）でＥＮＧレポーター（自分で書いてカメラも回す）として働き始めた。２００３年に友人とＴＶ制作チームを準備金ゼロで立ち上げ、コソボに自費で出かけた。２００４年にテレビクルーの音声係として雇われ、初めて西サハラ難民キャンプに入った。

俺が西サハラ難民に強い親近感を持ったのは、40年以上も正当な権利のために闘い続けているその強さだけではなく、優しさと我慢強さと大らかさに満ち溢れているからだ。

２０１０年の春、〈Territorio Liberado（解放区）〉という題の西サハラ記録映画作りを始めた。5週間現地取材をしたが、金は尽きるし砂漠の天気は気紛れだし、シナリオの30％は撮れなかった。帰国後はスペインの不況が待っていて、我々はその日暮らしに追われている。明るいニュースはただ一つ、２０１０年 FISahara（西サハラ難民映画祭）が、サンセバスチャン映画祭に西サハラ大義を扱った作品として推薦してくれたことだ。

我々のＴＶ制作チームの未来は暗い。月々の支払も滞っている。しかし、〈できっこないさ〉てなチャチャを入れる奴がいなければ、物事は貫徹できる。そのことを〈Territorio Liberado〈解放区〉〉の撮影を通して、西サハラの友人達から俺は学んだ。」

その〈解放区〉が日本の難民映画祭で落とされた理由は何なんだろう？　ヤゴは１９６８年８月19日に、スペインにあるマジョルカ島のパルマで生まれた。今もマジョルカ島を拠点に、西サハラを始めとしスーダンやギニアビサオなどの記録映画を作り続けている。

西サハラに関する映画の中で、一番のお勧めは〈サハラ砂漠の忘れられた戦争〉という、Vice News（バイス・ニュース）が制作したドキュメンタリーだ。VICE News（バイスニュース）はロンドンに拠点を置く国際ニュースチャンネルだ。１９９４年に創設され、現在世界中で、約８００万の人々がアクセスしている。

VICE News（バイスニュース）は、２０１４年2月27日の西サハラ難民政府ＲＡＳＤ建国記念日に、西サハラ難民キャンプを訪ねた。そして、地雷防御壁〈砂の壁〉で分断された西サハラ領土の、難民政府解放区側に入り、地雷防御壁〈砂の壁〉や難民軍ポリサリオ戦線などを撮影した。〈世界で殆ど報道されていない紛争の一つ〉として西サハラ独立闘争を取り上げ、２０１４年７月14日にシリーズの第一弾が放映された。

戻り始めた欧米の支援者たち、が……

２０１２年７月27日、スペイン政府はアルジェリアにある西サハラ難民キャンプで活動する人

支援物資の配給を待つ西サハラ難民……が、難民生活が40年も続くと援助する方も疲れてきた。

道支援者たちに帰国命令を出した。西サハラ難民キャンプで起こった誘拐事件が無事に解決されたにも拘らず、スペイン政府は無慈悲な退去命令を出した。戸惑ったのは難民たちとスペイン人支援者たち……。喜んだのはモロッコだった。

２０１２年７月30日、ＣＯＲＣＡＳコルカス（王立サハラ問題諮問委員会）は「マリ北部に展開するＭＵＪＡＯムハオ（西アフリカ殉教連帯運動）なる組織が３人のヨーロッパ人を誘拐した。その組織のスポークスマンと称するアブ・ワリド・サハラウィは元西サハラ活動家で、彼の言によると十数人の西サハラ難民青年が配下にいるとのことだ」と、伝えた。

そして、ＣＯＲＣＡＳコルカスは、「アルジェリアにある西サハラ難民キャンプは北アフリカ・テロ組織の温床」と、嘘を付け加えた。

２０１２年８月８日、ＭＩＮＵＲＳＯミヌル

ソ（国連西サハラ住民投票監視団）のティンドゥフ支部長オマル・バシール・マニス（スーダン人）が、西サハラ難民キャンプ内で働く外国人スタッフ３０人はキャンプから撤退しないことを表明した。彼らはＭＩＮＵＲＳＯやＵＮＨＣＲやＷＦＰなど国連傘下の職員たちだ。

２０１２年８月７日から10日にかけて、スペインの様々な支援団体代表がアルジェリアにある西サハラ難民キャンプを訪問した。約30人のスペイン人道援助活動家たちを引き連れたホセ・タボアダ訪問団団長はスペイン政府に、活動家たちに対する撤退を解除するようにと要請した。西サハラ難民を支援するスペインＮＧＯは３００団体ほどあり、そのうちのいくつかは政府の反対とモロッコの妨害にも拘らず、西サハラ難民キャンプに戻り始めていた。

２０１３年11月15日と16日、イタリアの古都ローマに、枯葉をぬって西サハラの国旗が翻った。故郷西サハラで西サハラ国旗を掲げることは、植民地支配をしているモロッコ占領当局により禁じられている。第38回ＥＵＣＯＣＯ（西サハラ人を支援し連帯する欧州会議）を主催したピエール・ガランドＥＵＣＯＣＯ会長によると、12カ国から約３００人の代表が集まったそうだ？　西サハラ難民政府からはアブデル・アジズ大統領、モハマド・シダティEU代表、アミ・オマル・イタリア代表などが参加した。ＥＵＣＯＣＯは２０１４年も、スペインの首都マドリッドで会議を開いた。ピエール・ガランド（１９４０年生まれ）会長は、ベルギーの政治家で平和運動家でもある。長年にわたって、西サハラ問題とパレスチナ問題に関わっている。数少ない、西サハラ長期支援者の一人だ……。

郵　便　は　が　き

料金受取人払

本郷局承認

8184

差出有効期間
2016年11月29日
まで

有効期間をすぎた
場合は、52円切手
を貼って下さい。

113-8790

（受取人）

東京都文京区
本郷2-3-10

社会評論社 行

ご氏名

（　　　）歳

ご住所　　　　TEL.

◇購入申込書◇　■お近くの書店にご注文下さるか、弊社に送付下さい。
本状が到着次第送本致します。

（書名）	¥	（　）部
（書名）	¥	（　）部
（書名）	¥	（　）部

●今回の購入書籍名

●本著をどこで知りましたか

□(　　　　　)書店　□(　　　　　)新聞　□(　　　　　)雑誌

□インターネット　□口コミ　□その他(　　　　　　　　　　)

●この本の感想をお聞かせ下さい

上記のご意見を小社ホームページに掲載してよろしいですか?

□はい　□いいえ　□匿名なら可

●弊社で他に購入された書籍を教えて下さい

●最近読んでおもしろかった本は何ですか

●どんな出版を希望ですか(著者・テーマ)

●ご職業または学校名

第4章　モロッコ王の方便はおかしいぞ！

（1）ダメダメとモロッコ

「モロッコは魔性の女だ。その魅力にとりつかれると逆らえない」と、フランス大手旅行会社の名物ガイドで親友のアレックスは、モロッコにべた惚れだ。

モロッコに魅せられた映画人も多く、異国情緒あふれる作品で観客を魅了してきた。

映画創世記のリュミエール兄弟による〈モロッコの騎士〉（1897）に始まり、ベルトリッチ監督の〈シェルタリング・スカイ〉（1900）、デートリッヒとクーパー主演の〈モロッコ〉（1930）、バーグマンとボガード主演の〈カサブランカ〉（1942）、ヒッチコック監督の〈知りすぎていた男〉（1956）、シャブロール監督の〈ジャガーの目〉（1965）、ジョッフェ監督の〈ハーレム〉（1985）などなど、例をあげればきりがない。しかし、元植民地支配者の欧米人が描くモロッコには、郷愁と謎と麻薬と淫靡が入り混じった〈娼婦モロッコ〉のイメージがこびりついている。

1月11日、モロッコ脱植民地宣言の日

モロッコの街々には、必ずと言っていいくらい〈ムハンマドⅤ〉と名のつく大通りがある。多くの学校も〈ムハンマドⅤ〉で、カサブランカ国際空港も〈ムハンマドⅤ〉だ。

そのムハンマドがスルタン（イスラム王朝の君主を意味する）という称号を付けていた１９４４年１月11日、当時の植民地支配者フランスからの脱植民地化を宣言した。宣言後のムハンマドは、支配者フランスと何度もモロッコ独立に向けて交渉した。が、支配者フランスは、彼をコルシカそしてマダガスカルへと追放したのだった。

しかし、モロッコ庶民の反植民地闘争は燃え続け、１９５５年11月16日に支配者フランスはムハンマドの帰国を許した。そして、１９５６年４月７日にフランスはモロッコの独立を認め、ムハンマドはⅤ世を名乗ってモロッコ王位に就いた。

フランスがモロッコ植民地を手放したのは、当時のフランスが植民地インドシナの戦争に敗北し、植民地アルジェリアの反フランス闘争にてこずっていたからだと言われている。

それにしても、モロッコ庶民の植民地支配に対する反発と愛国心が植民地解放の原動力になったことは間違いない。が、ムハンマドⅤ世を立ててフランスから独立を勝ちとったモロッコなのに、他民族西サハラの独立運動となると理解を示さないどころか、弾圧し潰そうとしているのだ。

今でもモロッコ庶民には、誇りと義侠の血が流れていると筆者は信じているのだが……。

西サハラ民族の独立運動を拒否するモロッコ論文

２００８年に日本で出版されたモロッコの宣伝小冊子を基にして、モロッコ王制の西サハラ論調を見てみる。さらに、その論調を礎にしたモロッコ王の西サハラに関する言い分と、それらに対する反論を比較するため、①歴史的見解、②国連憲章、③国連のやる気、④地域の不安、と４項目に分けて夫々を紹介していく。そして、紛争解決に向け国連が提案した〈国連西サハラ住民投票〉を一旦受け入れたモロッコが、何故拒否するのかを、考えてみたい。

〈西サハラをめぐる紛争と新たな文脈〉という小冊子は、２００８年10月の「西サハラ支援集会」に突然出現したモロッコ人たち威嚇集団がばらまいたモロッコ宣伝小冊子だ。発行：株式会社パレード　２００８年5月20日／編者：レズラズィ・エルモスタファ

小冊子は、「この紛争は国民国家と少数の分離運動との間の紛争である」と西サハラ民族の独立運動を否定し、単なるモロッコ国内の少数分離主義者たちの反抗に過ぎないとする。以下に、その４点に関する主張を引き出し、その狙いを付け加えていく。

① **歴史的見解**：「11世紀から20世紀に至るモロッコの諸王朝は、ほとんど全てサハラ地域で生まれた……」と、主張し、「植民地化される以前のサハラ地方はモロッコの領土の一部であったと結論付ける……」と、昔から西サハラはモロッコ王のものだと主張する。

「２００７年4月10日モロッコは国連に、西サハラに対し広範な自治権を付与するという妥協案を提案した」と、モロッコの領有権と国王陛下の権力は不動だと強調する。

② **国連決議**：「国連安保理の様々な決議や西サハラ住民投票監視団の任期更新はサハラ問題に前向きな効果をもたらしてない……。民族自決の原則は、その含意をすでに失っている」と、国

モロッコのカサブランカに行ったら、ホテル・ハイヤットのカフェで映画〈カサブランカ〉に出演してみませんか？

モロッコのマラケシュに行ったら、ジャマエルフナ広場で大道芸を楽しみましょう。一芸に秀でたお方は遠慮なくゲイを披露してください。

連安保理の解決努力や国際法と国連が承認する西サハラ民族自決権などを否定する。「この紛争は国民国家と少数の分離運動との間の紛争である」と、西サハラ民族独立運動を否定し、単なるモロッコ国内の少数分離主義者たちの反抗に過ぎず、国連が関与する問題ではないと、断定している。

③ **国連のやる気**：「国連西サハラ住民投票監視団が設置されることになったが、実施するについて、実務上、大きな困難があった……。解決の見通しがまったくたたず、国連は１９９１年プランの放棄を検討した……」と、国連が西サハラ住民投票を諦めているかのように言う。

④ **地域の不安**：「サハラ地域での新たな国家の樹立は、テロ組織や不法移民にとって好都合である……。新国家の人工的樹立は、大西洋からスーダンに広がる他の北アフリカやサヘル地域の国々の領土的一体性を脅かす」と、未来の西サハラ独立国家をテロリスト国家扱いにする。

モロッコ王の方便

２００６年、モロッコ王ムハンマドⅥ世はＣＯＲＣＡＳコルカスという西サハラ問題を仕切る組織を立ち上げた。ＣＯＲＣＡＳコルカスとは〈Le Conseil Royal Consultatif des Affaires Sahariennes〉というフランス名の頭文字を取ったもので〈王立サハラ問題諮問委員会〉を意味し、ハリヘンナ・ワリド・エッラシドを長に据えている。ちなみに、モロッコの第二言語はフランス語で、公文書もフランス語で書かれることが多い。休日も欧米に倣って土日になっている。最近のモロッコ製地図では、西サハラを南サハラ、またはモロッコ・サハラと表記して、西サハラのモロッコ帰属を既成事実にしようと、画策している。

上述のモロッコ王政側論文やＣＯＲＣＡＳコルカス（王立サハラ問題諮問委員会）の声明などを基盤にモロッコ王の方便をまとめてみる。

①**歴史的見解**：「西サハラは昔も今もモロッコ王のもの」と、王は主張する。モロッコは昔話から都合のいい部分だけを抜き出し歴史を創作している。

②**国連決議**：「国連憲章や国際法はその地域の国益・国策に一致しない。地域の政治や政策が国際法・国際正義に優先する」という独断論で、モロッコ王は国際法と國際正義を否定する。「脱植民地化は国連決議１５１４に基づく民族自決権に繋がらない。西サハラ側が主張する民族自決権は、西サハラ分離主義者たちの屁理屈」と、王は切り捨てる。

「西サハラは王制下のサハラ地方・南サハラで、独立地域ではない」と、王は主張する。

③**国連のやる気**：「国連西サハラ住民投票など不可能だ。国連は住民投票をモロッコに強制できない。国連自身が住民投票を廃棄している」と、モロッコの希望的観測を籠めて、モロッコ王は国連西サハラ住民投票に反対表明をする。モロッコ王は、１９９１年の国連和平案である〈国連西サハラ住民投票〉など、全くやる気がない。

④**地域の不安**：「西サハラ独立国家ができたら周辺地域はテロと麻薬と密輸の温床になり、第二のビアフラ、バルカン、になる」と、王は脅かす。西サハラの独立は欧米にも脅威だと唆す。

モロッコ王の方便はおかしいぞ?!

「モロッコ王の方便はおかしいぞ!?」と、モロッコでモロッコ王に逆らうこんな事を言ったら、たちどころに御用となる。しかし、おかしいものはおかしい。モロッコが出す証拠や論点には、史実と事実に反し多くの間違いがあるのは否めない。しかも、モロッコがCORCASコルカス（王立サハラ問題諮問委員会）を作った2006年や、モロッコが〈サハラ地域の自治案〉を国連に出した2007年当時から、国際社会はアメリカ一極大国主義から国際協調へと変わっているのだ。

どうしてモロッコ王は国際社会が支持する「国連西サハラ住民投票」をやらないのか？　もしかすると西サハラ人は独立でなくモロッコ帰属を選ぶかもしれないじゃないか？　以下、モロッコ王の方便に対する疑問点を並べてみる。

①**歴史的観点見解：**「スペイン植民地時代に西サハラに住んでいたある部族が、当時のモロッコ・スルタンに忠誠を誓ったから、西サハラはモロッコのもの」というモロッコの歴史的見解は、1975年10月16日に国際司法裁判所ICJによってはっきりと否決されている。その判断を受け入れないモロッコは、国際法に違反することになる。

②**国連決議：**脱植民地化や民族自決権や基本的人権などを主張する、国連憲章や国際司法裁判所や、国連そのものまでもモロッコ王は馬鹿にし、否定しようとしている。モロッコ王は、国際社会を離脱するつもりなのだろうか？

③**国連のやる気：**モロッコ王が頼みにしていたブッシュ流国際社会無視時代は終わった。そのブッシュ政権の最右翼だったジョン・ボルトン元米国連大使ですら、西サハラ紛争解決の最大

策は国連西サハラ住民投票だとしている。そして、1999年から2001年にかけて国連事務総長個人特使ジェームス・ベーカーを助け、投票実現に向けての努力をした。さらにボルトンは国連大使任期中（2005・8・1〜2006・12・4）も米国政府に働き続けた。米国政府が国連西サハラ住民直接投票に踏み切らなかったのは、モロッコ王体制内の混乱を懸念したためだと、ジョン・ボルトンは回顧録〈Surrender is not an Option（降伏なんてありえない）〉で書いている。

④ **地域の不安**：西サハラが独立を勝ち取った後、政情不安に陥るのは周辺地域ではない。モロッコ王体制が不安定になるのだということを、どうして国際社会に正直に訴えないのか？ モロッコ王は西サハラ難民亡命政府と麻薬を結び付けようと必死だが、モロッコが最大のハシッシ生産国であるという国連薬物犯罪事務局の発表をどう釈明する積りか？

今やモロッコは、国連が提案する〈国連西サハラ住民投票〉を完全に拒否している。なぜなら、国連西サハラ住民投票をやると、モロッコは負けると判断したからだといわれている。投票に負けて西サハラ植民地を失うと、モロッコは、どうなるのか？ 西サハラ領土喪失の結果として、次の三点が容易に考えられる。①潜在する天然資源とリン鉱石の喪失、②西サハラ占領地に送り込んだモロッコ入植者とモロッコ兵の帰還が起こす社会不安、③領土喪失が招く王威失墜……。そして、最終的に〈モロッコの春〉を招くことを、モロッコ王は何よりも恐れている。

結局、モロッコ王は、〈国連西サハラ住民投票〉を蹴って、〈西サハラはモロッコ地方〉という新たな主張を始めたのだった。

つまりは西サハラ天然資源

２００９年11月24日、西サハラ難民亡命政府大統領兼ポリサリオ戦線書記長アブデル・アジズはスペインのバルセロナで、西サハラ石油鉱区再公開を約束した。ポリサリオ戦線はそれ以前の２００５年に鉱区公開し、２００６年には英国の石油企業プルミエやヨーロッパ・オイルなど、数社と契約した。

当然、植民地支配国のモロッコはポリサリオ戦線に先駆けて鉱区公開し、アメリカの石油企業大手カー・マッギーとフランス石油企業大手のトタルなどの４社がモロッコの誘いに乗り、入札していた。しかし、入札したトタルは２００４年末に、カー・マッギーは２００６年４月にそれぞれ期限切れで撤退した。

繰り返すが、西サハラは天然資源の宝庫なのだ。鉱物資源に乏しく漁業資源も枯渇し始めたモロッコが、西サハラを絶対に手放したくない理由はまさにこの天然資源にある。しかもモロッコは、１９７５年から今日に至るまで国際法を無視して、西サハラのリン鉱石を盗掘し続け、密漁を続けてきた。モロッコは、早急に領有権を獲得しなければ、その国際法違法の付けも支払わなければならなくなってくる。

そこでモロッコは、〈国連西サハラ住民投票〉に代わる西サハラ領有権獲得策を打ち出した。それが、〈西サハラは今も昔もモロッコの領土〉という主張なのだ。

（2）女ガンジー・アミナトの20日ハンスト

「ビバ、アミナト！　ビバ、サハラのガンジー!!」（ビバはスペイン語で万歳の意味）スペインの冬空に、一人の西サハラ女性活動家を支援する歌声が響きわたった。時は２００９年11月29日、場所はマドリッド郊外。約千人の観衆を前に、ダミ・マカコを初めとする十数人の有名歌手が絶唱！　と言っても、日本では殆ど無名だ。肝心のヒロイン、アミナトの名も知られていない。私たち日本人に馴染みがあるのは、ハンガーストライキの鉄人で非暴力主義のガンジーだけである。

その無名女性活動家は、11月15日からハンガーストライキを続けていた。それを機に、ＢＢＣ（イギリス）、アルジャジーラ（カタール）、ＤＰＡ（ドイツ）、ＡＦＰ（フランス）そしてスペインなどのメディアが、モロッコ占領地・西サハラの人権問題を取り上げだした。モロッコ占領地・西サハラで占領当局の迫害に抵抗する西サハラ住民に想いを馳せてみる。

アミナト・ハイダル

アミナト・ハイダル女史は１９６６年、西サハラの首都ラユーンに生まれた。当時は西サハラ全土がスペインの植民地だった。

アミナトが６才になった１９７３年に、遊牧民の息子エルワリが反植民地闘争を掲げて、「ポリサリオ戦線」を立ち上げた。

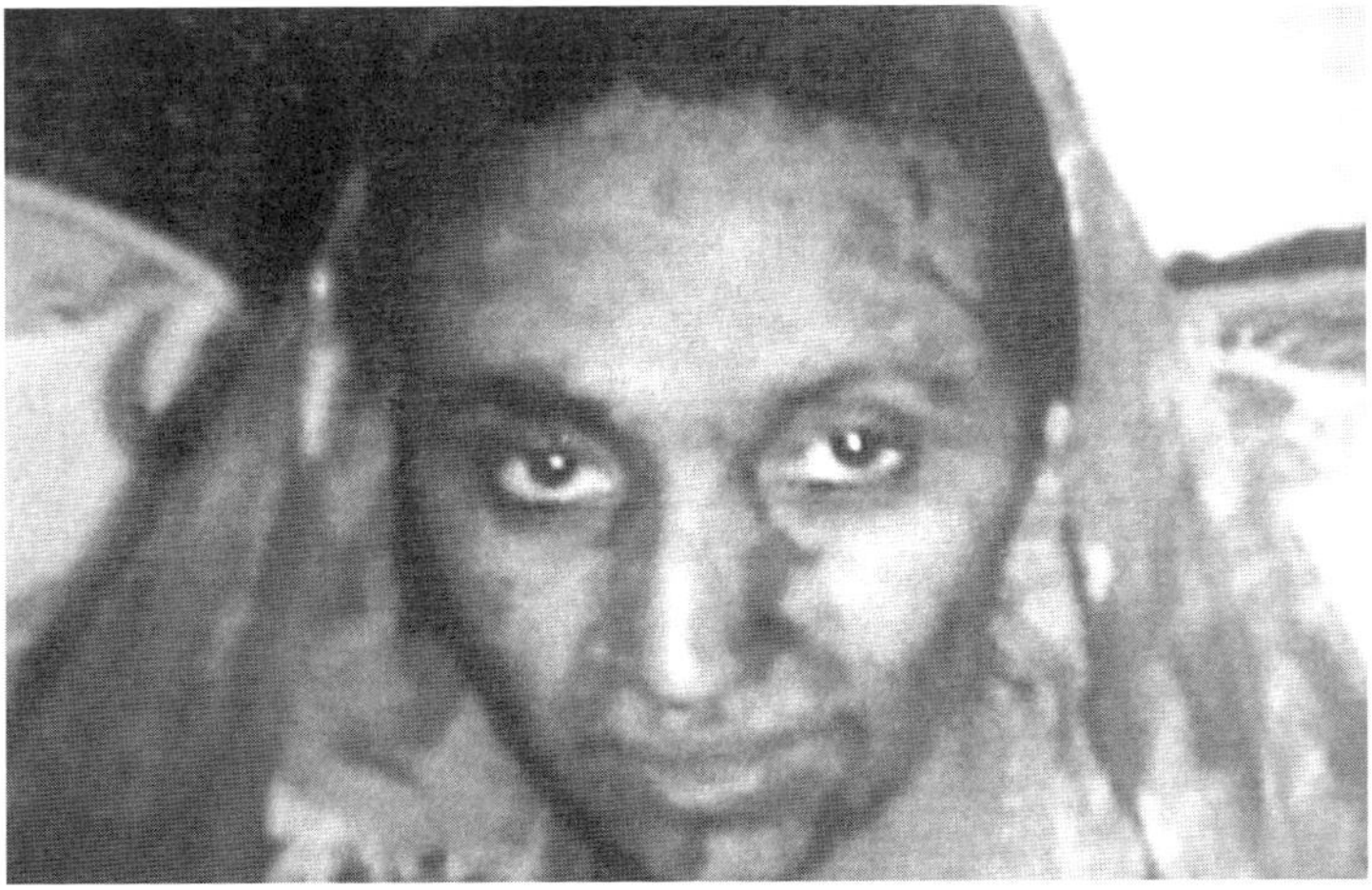

2005年にモロッコ占領地・西サハラのラユーンで平和デモに参加したアミナトは、占領当局に逮捕され暴行された。(SPS 提供)

アミナトが８才になった１９７５年、旧植民地支配国スペインは、植民地廃止を迫る国連決議を無視して、西サハラの北をモロッコに南をモーリタニアに分譲し、スペイン植民地軍は西サハラから撤退した。代わって北からはモロッコ正規軍、南からはモーリタニア正規軍が軍事侵攻し、両軍の挟み撃ちにあった西サハラ住民の多くは、難民となってアルジェリア西端にあるティンドゥフの砂漠へ逃れた。しかし、逃げ遅れたに西サハラ住民は、占領当局が支配する西サハラに残るしかなかった。アミナト一家は逃げ遅れ組だった。

アミナトが20才になった１９８７年12月、モロッコ占領地・西サハラの首都ラユーンで数百人の女性達と国連住民投票を要求するデモをやった。逮捕されたアミナトは獄中で暴行や拷問を受け続け、やっと4年後の６月22日、74人の同志と共に釈放された。

釈放後、自らの体験を礎に「西サハラ人政治犯の即時釈放とモロッコ刑務所の拷問虐待廃止」を訴え、モロッコ占領地・西サハラ内で人権擁護活動を活発化していく。が、植民地内でのあらゆる政治活動は禁止されている。アミナトは何度となくモロッコ占領当局に逮捕拘束された。

２００５年６月17日の平和集会では仲間３００人、もろとも逮捕される。不屈の女ガンジーは獄中で50人の同志と共に50日間、ハンガーストライキをやってのけた。

２００７年、ヨーロッパの人権団体がサハラの女ガンジー、アミナトに代表される西サハラ人権活動家達に、ハンガーストライキ等の活動を称えて「シルバー・ローズ賞」を贈った。

２００８年11月14日、故ケネディ米上院議員はアミナトが代表を務める「西サハラ人権侵害擁護団体」に、ロバート・ケネディ賞を贈った。

西サハラの女ガンジー、20日間のハンスト

２００９年10月に、アミナトはニューヨークでトレイン財団の「勇気あるハンガーストライキ市民賞」を受賞。ニューヨークを発ちスペイン領カナリア諸島のランザローテ空港で飛行機を乗り継ぎ、モロッコ植民地・西サハラのラユーン空港に意気揚々と降りたった。

事件はラユーン空港のパスポートコントロールで起きた。モロッコ空港警察がアミナトのモロッコ占領地・西サハラ入りを拒否したのだ。彼女のモロッコパスポートは没収され、飛行機出発地点のランザローテ空港に強制送還された。

ランザローテ空港警察は、「パスポートのない人間は飛行機に乗せるわけにいかない」とアミ

ナトの搭乗を拒否。「書類なしで無料で飛行機に乗せろ」と、アミナト。翌11月15日、サハラの女ガンジーは、故郷西サハラへの帰還要求が通らないなら餓死すると、得意のハンガーストライキに入った。

アミナトに対する件に関しても、モロッコ政府は王の強権を振りかざした。外務大臣タイブ・ファッシは11月16日に次のように語った。

「アミナト・ハイダルはラユーン空港到着時に、通常誰もが記載する国籍欄の記入を拒否した。これまでアミナトはモロッコパスポートを使って何年間も何回も海外に渡航し、その都度、出入国カードにモロッコ人と書いてきた。何故、今回は拒否するのか？　多分、事件をでっち上げて海外の平和団体やプレスに売り込もうと、一芝居打っているんだ。国王に対する無礼を謝れば、許してつかわす」

モロッコ王国では、国王に反したり批判する者には不敬罪が適応されるという。

11月28日、スペイン領カナリア諸島のランザローテ空港でハンガーストライキ14日めに入ったサハラの女ガンジー・アミナトに、スペイン政府は「モロッコパスポートかスペインパスポートを新規に作るから、どちらか選ぶように」と、提案した。

しかし、サハラの女ガンジーは両案とも拒否し、甘い水を飲みながらハンガーストライキを続けた。

２００９年12月４日、20日間のハンガーストライキに屈服したスペインは、サハラの女ガンジー、アミナトを特別機に搭乗させた。まさに離陸の瞬間、モロッコ占領地・西サハラのラユーン空港が着陸を拒否してきたのだ。サハラの女ガンジーは再びハンガーストライキの構えをみせた。結局、モロッコが根負けし、飛行機は離陸した。腹を空かした難民や被占領民のハンガーストライキは、まさに究極の捨て身戦術だ。一体、いつまで国際社会はこんな非人道的抵抗を続けさせるのか？

２００９年12月10日、国連が定めた「国際人権デー」の日にアルジェリアの西サハラ難民キャンプでは、国連に向けて人権擁護を訴える大デモンストレーションが行われた。が、モロッコ占領地・西サハラではやりたくてもやれない……。デモは禁止されている。

アミナト・ハイダルは、一人の娘と一人の息子を持つシングルマザー。親族の庇護の下で、モロッコ占領地・西サハラの首都ラユーンに住み、平和的人権擁護活動を続けている。

モロッコ占領地・西サハラの首都、ラユーン

アミナトが住むモロッコ占領地・西サハラの首都ラユーンの町は赤土色をしている。この地方は昔から、アラビア語で〈サギア・エル・ハムラ〉赤い涸れ川と呼ばれてきた。アルジェリア南部のサハラ砂漠にある古い隊商の町タマンラセットも赤土っぽい。アラブ人が作ったスペインのアルハンブラ宮殿は、アラビア語で〈カスル・アル・ハムラ（赤い宮殿）〉と、その名が示すように赤土色をしている。

ラユーンは、１９３０年に当時の西サハラ植民地支配国だったスペインの手で、スペイン領西

モロッコ占領地・西サハラで、平和活動をする西サハラ青年を追い詰めるモロッコ軍。(SPS 提供)

サハラの首都として作られた。ラユーンから南東100キロメートルと砂漠に入ったブクラには世界でも有数なリン鉱石鉱山があり、ラユーンの町から10キロメートル離れたラユーン港はリン鉱石の積出港として、西サハラ植民地支配国にとって最重要拠点になっている。地元住民は、もともと遊牧や漁業で暮らしてきた。が土地や家畜や海を支配者たちに奪われ、リン鉱石鉱山や占領当局に雇われるようになっていった。

1991年に国連が提案した〈国連西サハラ住民投票〉を一旦は呑んだモロッコ王の故ハッサンⅡ世は、ラユーンの町を中心にモロッコ人入植者を送り込んだ。住民投票を勝ち取るためモロッコ人の投票人作りを始めたのだ。今やモロッコ占領地・西サハラには、約15万のモロッコ人入植者が約10万の西サハラ地元住民を凌駕している。モロッコ占領地・西サハラに展開するモロッコ兵は約16万にものぼる。

赤土色のラユーンに、モロッコ製の白い建物が急増してきた。ハッサンⅡ世サッカー場、ハッサンⅡ世モスク、ハッサンⅡ世空港、ハッサンⅡ世広場……。なんでもハッサンⅡ世という故ハッサンⅡ世（1929〜1999）の名前が付いている。

そして、ハッサンⅡ世の白い建物に入れない西サハラ被占領民を待っているのは、赤土色の監獄だった。物言えば逮捕、集まれば逮捕、西サハラの旗を振ったら逮捕……。モロッコ占領地・西サハラに住む西サハラ住民は、まともに口もきけないし身じろぎもできない。

分断された家族

女ガンジーのハンガーストライキ事件以降、モロッコは、西サハラ住民の移動をさらに厳しく取り締まり始めた。モロッコ占領地。西サハラ国内での移動も難しくなったが、国外への脱出は基本的に禁止され、見つかれば不法密出入国の罪で捕まる。

ロンドンで開催中の西サハラ支援大会に参加しようとした6人の西サハラ青年達は、出発前に逮捕され拘束された。数日後にはモロッコとモーリタニアの国境で5人の西サハラ平和活動家達を逮捕拘束。彼らはモロッコ占領地・西サハラから歩いて脱出しようとしていたのだ。

西サハラ被占領民の逮捕拘束には令状などない。まともな裁判もなく処罰される。数百人の西サハラ被占領民がいまだに行方不明のままだと言う。

アミナトが代表を務める「西サハラ人権侵害擁護団体」は、ＵＮＨＣＲ（国連難民高等弁務官）

サハラ住民の保護と人権侵害調査を求めた。ＭＩＮＵＲＳＯミヌルソ（国連西サハラ住民投票監視団）に西サハラ住民の保護と人権侵害調査を求めた。ＭＩＮＵＲＳＯミヌルソ（国連西サハラ住民投票監視団）には投票を控えた住民を守る義務があるからだ。しかし、アミナトたちの要求に対して、ＭＩＮＵＲＳＯミヌルソ（国連西サハラ住民投票監視団）はなしのつぶてだ。

そもそもＭＩＮＵＲＳＯミヌルソ（国連西サハラ住民投票監視団）は、１９９１年9月、国連西サハラ住民投票を監視するために国連が設置した組織だ。ところが24年経った今もその名に値する活動をしていない。しかも失業したくない国連官僚たちは組織を温存するため、〈西サハラ人の人権援助活動〉と称して〈家族訪問〉なるものを企画した。南北朝鮮の家族相互訪問のようなもので、西サハラ・モロッコ植民地と難民キャンプとに生き別れになったままの家族が、訪問しあうというイベントだ。期間は一週間、交通費や弁当代などはＭＩＮＵＲＳＯミヌルソ（国連西サハラ住民投票監視団）とＵＮＨＣＲ国連難民高等弁務官が持つ。

２００４年5月5日から現在まで、約１万の西サハラ人が〈家族訪問〉の恩恵を受けていると、ＵＮＨＣＲが発表した。

「こんなお為ごかしに騙されないよ！　私達は、国連が約束した住民投票をやって、独立を果たした祖国西サハラに帰りたいんだ。国連は一日も早く住民投票をすべきだ」と、家族訪問を利用して西サハラ・モロッコ植民地の妹達に会ってきた難民キャンプのハヤットさん達は不満をぶちまける。

２００９年10月7日には、家族訪問でアルジェリアの難民キャンプから帰ってきた７人の平和活動家達が逮捕された。モロッコ特別軍事法廷は7人の西サハラ二級住民に、刑期15年か死刑を言い渡すそうだ。

「私達は二級の被占領市民。言いたいことなんて、とても口に出せない」と、西サハラ占領地の女性活動家ムナは声をひそめて、筆者に現状を語った。彼女は民族衣装メルファァを翻しながら、暗闇の路地から路地を抜けて、活動家のアジトに案内してくれた。

活動家は難民キャンプのポリサリオ兵士のように、西サハラ茶道の作法に従って甘茶を立ててくれる。胡坐をかいて茶を立てる習慣は、砂漠の民のものだ。山の民モロッコ人にはない。モロッコ占領地・西サハラにいても、モロッコ女性と西サハラ女性の区別はすぐつく。モロッコ入植女性は、メルファと呼ばれる西サハラ民族衣装をまとわないからだ。モロッコ警察は何かと因縁をつけて拘束しようとするので、特に西サハラ女性は固まって行動している。そして、頑固に民族衣装を翻らせているのだ。

学校でも西サハラの子供たちは、モロッコの子供とは分けて座らせられ、運動場や遊具の使用もままならない。

モロッコ入植者と西サハラ先住民の隔離政策は、かっての南アフリカに於ける〈アパルトヘイト〉、そのものだ。

(3) 日本の西サハラ議連

〈2010年サッカーワールドカップ〉開幕式は、南アフリカのケープタウンで行われた。9万人以上の大観衆が、各国の首脳を迎えた。ナイジェリア、ガーナ、モザンビーク、ジンバブエ、ナミビア、マラウィなどのアフリカ首脳に加え、メキシコ大統領や国連事務総長の顔もあった。その中でひときわ目立ったのが、白い民族衣装ブーブーを羽織った西サハラ難民政府大統領のアブドル・アジズだった。

勿論、彼も南アフリカ大統領から正式に招待された国家元首である。西サハラ難民政府はAUアフリカ連合の正式加盟国だ。

サッカーと西サハラ難民

難民生活も40年ともなると、難民二世代目や三世代目が急増してくる。西サハラ難民政府は教育に力を入れている。子供たちは、数学、化学、地理、歴史、宗教などに加え祖国西サハラのことも学ぶ。母国語のアラビア語、スペイン語にフランス語も学び、かくして日本人など足元にも及ばない国際人が育っていく。

子供たちの楽しみは、やっぱりサッカー……。戦火のイラクやブラジルのスラムと同じで、ボールひとつでみんなが楽しめるサッカーは最高だ。栄養失調で持続力がないから、難民サッカーボーイたちはすぐ、砂漠に体を投げ出してしまう。しかし、息を切らしながらも目は笑っている。そして、子供たちが待ち望んでいるのは、イタリアやスペインの議員団体が招待してくれる〈夏休みサッカー旅行〉なのだ。

日本にも〈サッカー外交推進議員連盟〉というのがあるそうだ。砂漠のサッカーしか知らない西サハラ難民の子供達を日本に招待して、青々とした芝生のグラウンドでプレイさせてあげて欲しい……。

日本西サハラ友好議員連盟創設

日本の議員諸氏が1991年に〈日本西サハラ友好議員連盟〉が創設したのは、国連が「国連西サハラ住民投票」を決定したからだ。

江田五月（当時社民連代表）が会長で、高村正彦（自民党）、土井たか子（当時社会党委員長）、種田誠（当時社会党）、小沢和秋（当時日本共産党）などによる超党派議員連盟が立ち上がった。

同じころ、アントニオ猪木参議院議員が会長となって、WSN（ウェスタン・サハラ・スチューデント・ネットワーク）も創設された。首都圏の学生たち91人が、西サハラ住民投票のボランティア監視団を目指した。

しかし、数年後には二つの組織ともども、自然消滅している。なぜならモロッコが国連投票を拒みだし、国連は自ら提案した「国連西サハラ住民投票」を実施しなかったからだ。

一方、1990年代半ばに確認された西サハラ地下資源を手に入れたいモロッコは、国連投票などせずに西サハラを自国領土にするため、アメリカのブッシュ政権などに働きかける。2006年から2008年にかけて〈西サハラはモロッコの地方州〉という論を國際社会にアピールし、ポリサリオ西サハラ難民政府にこの案を呑ませようとする。が、ポリサリオ西サハラ難民政府はあくまでも「国連西サハラ住民投票」による和平案を主張し続け、譲らなかった。

２００９年、オバマ米政権が誕生し、西サハラ紛争にもいささかチェンジが訪れたかのように思えた。２００９年３月30日、故エドワード・ケネディ以下７名の上院議員が、国連西サハラ住民直接投票の早期実現をオバマ大統領に進言した。これを受けたオバマ大統領は２００９年７月７日、モロッコ王に宛てた書簡の中で、「米国人クリストファー・ロス国連事務総長特別代理の指導の下で、西サハラ紛争を早期に解決するように」と、圧力をかけた。

しかし、２００９年８月25日、エドワード・ケネディーが逝去すると、オバマ政権の中で西サハラ問題を取り上げる側近はいなくなっていった。

日本民主党西サハラ問題を考える議員連盟

そして日本では西サハラ紛争に関して、アメリカを出し抜く革命的なことが起こった。〈日本西サハラ友好議員連盟〉が10人にのぼる議員の呼びかけで立ち上がったのだ。

ＳＪＪＡ（サハラ・ジャパン・ジャーナリスト・アソシエーション）は、消滅した〈日本西サハラ友好議員連盟〉再興の可能性を探ってきた。江田五月初代〈日本西サハラ友好議員連盟〉会長から今野東参議院議員を紹介され、発起のチャンスをうかがっていた。そして、チャンスは２０１０年４月８日に突然、訪れる。初対面の生方幸夫衆議院議員が「私が会長、今野先生が事務局長で議連を作ろう」と、言ったのだ。

あれよあれよという間に６月７日午後３時～４時、〈日本西サハラ友好議員連盟設立総会〉が設定された。ところが６月２日に突然、鳩山首相（当時）が辞任し、政界は大激震。しかも〈日本西サハラ友好議員連盟設立総会〉と同じ7日、午後4時から民主党両院議員総会が急決定されたのだ。誰もが設立総会の開催を疑った。しかし、何故か流れは止まらず、十数人の議員と関係者約20名が駆けつけた。

①生方幸夫会長の宣言、②シド・アリ・ケトランジ駐日アルジェリア大使の挨拶、③首藤信彦衆議院議員の「アフリカを理解するポイント」と題した説明、④平田伊都子の「最後の植民地西サハラの独立を」との訴え……とプログラムは進み、今野東参議院議員の巧妙な司会で総会は成功した。西サハラ難民亡命政府大統領からのメッセージも届いた。

日本西サハラ友好議員連盟趣意書

「アフリカにはまだ独立を果たしていない国があります。西サハラです。アフリカ大陸の北西部の大西洋岸にある地域ですが、多くの地域をモロッコが実効支配（不法占拠）し、1991年に国連が約束した「西サハラ住民直接投票」は実施されないまま19年が過ぎています。今年2010年は「国連脱植民地10年」の最終年にあたりますが、西サハラを追われた住民はアルジェリア砂漠での難民生活が35年にもなり、モロッコは全長約2500キロの防御壁を築き、600万もの地雷を埋めています。日本西サハラ友好議員連盟は、このアフリカ最後の植民地解放のために日本がリーダーシップを発揮するよう、働きかけるとともに、豊富なエネルギー・鉱物資源や漁業資源の解放と開発へむけた協力のあり方を考えるものです」

日本に出来ることとは、紛争の火種を消すこと

〈日本西サハラ友好議員連盟〉が発足して三日後に、さっそくモロッコ当局から数件の不服申し立てが、生方幸夫会長や故今野東事務局長や参加議員のもとに入った。

西サハラ難民亡命政府から「モロッコ特務機関が動き出した。しらみ潰しで襲ってくるから気をつけろ！」と、連絡が入った。モロッコ特務機関は、西サハラ活動家を取り締まる組織でもある。

筆者もモロッコ当局の妨害工作を、西サハラ支援集会で体験したことがある。その日、会場に４人の男女が侵入し、会場外には８人の屈強なモロッコ人が張り込んでいたのだ。

〈日本西サハラ友好議員連盟〉は、モロッコに喧嘩を売るため設立されたのではない。趣意書に謳われている〈日本のリーダーシップ〉とは、下記のようなことを指す。

①日本で国連主催の〈モロッコと西サハラ難民政府の直接交渉〉を実施する。
②非自治地域・西サハラの天然資源を日本がリーダーシップを取って守る。
③高度な地雷除去技術を持つ日本がリーダーシップを取って地雷除去にあたる。
④モロッコ植民地・西サハラでの西サハラ人人権問題を国連人権委員会と共に解決する。

しかし、〈西サハラ友好議連〉ができることを嗅ぎ付けたモロッコ大使が「西サハラに味方するのなら国交断絶！」と脅しをかけてきたそうだ。

〈民主党西サハラ問題を考える議員連盟〉の会議に参加した有志たち、前列左から２人目が生方幸夫会長。（撮影：田村勝己）

西サハラ難民の小学生から、「文房具品、お願いしま〜す」

結局、生方幸夫会長の賢明な裁断で名称を「民主党西サハラ問題を考える議員連盟」と変え、モロッコの妨害をかわした。が、いずれにしろ、皇室王室の絆が固い日本で西サハラ関係の議連が誕生したことは、おめでたい。

モロッコ側に文句や言いたいことがあるのなら、〈日本民主党西サハラ問題を考える議員連盟〉が主催する国際会議に出席して、堂々と発言すればいい。古臭い秘密警察のような行動など、日本では謹んでもらいたい。

日本は西サハラと関係ない？

さて、一般の日本人は西サハラのことをどう思っているのだろうか？「西サハラ？　聞いたことないな」と、隣に住む小学校の元先生は首を傾げた。「アフリカの西北端にあって地中海に面した砂漠の国です」と、筆者は元先生に説明する。

「なんか、遠い話ね」と、先生の奥さんも興味を示さない。「魚介類が最高よ。スーパーでモロッコ産とかスペイン産の表示があるタコは、西サハラで取れるのよ」と、筆者は奥さんを魚で釣ろうとする。

「いまいち、俺たち日本人と関係ないじゃん」と、カスタムカー・マニアの息子が、期待していた質問を投げてくれた。「それがおおあり！　石油に天然ガスに希少金属と、日本が涎を垂らす鉱物資源が眠っている。ところが国連が植民地に指定していて、西サハラはどこのものとも決まってない。本当はタコも禁漁なのよね」と、筆者は親子3人に話した。

「独立したって、もとのもくあみ（日本の識者）」「儲かりまっか？（日本の庶民）」「落としどころは？（日本の政治屋）」などなど……日本の人々は、西サハラに無関心で醒めている。

独立したからと言って、西サハラは幸せになるのか？……それは、西サハラの人々次第だ。が、今はそれよりもずっと以前の段階で、西サハラの人々は足踏みを食らっている。西サハラの人々は、同じ地球人として平等で最低の権利、〈自分たち自身が自分たちの将来を決める〉という権利の獲得を目指しているのだ。

〈最後のアフリカ植民地・西サハラ〉の独立を目指す西サハラの人々は、これまでアフリカ諸国の独立を見、独立後の矛盾を学び、同じ轍を踏まないよう試行錯誤を続けてきた。

18年にわたる植民地支配国モロッコとの軍事闘争を経験し、西サハラの人々は新しい闘争形態を編みだした。それは、国際社会を巻き込み、国連に責任を取らせることだった。

国連は早急に西サハラ住民投票を施行し、〈モロッコ帰属か西サハラ独立か〉を西サハラ住民に決めさせるべきだ。が、事務総長も総長個人特使もモロッコのサボタージュに手を焼いている……。そんなモロッコを炙り出し、交渉の席に着かせられるのは日本かもしれない。

なんと言っても、日本はモロッコにとって最大の資金援助スポンサーだし、皇室王室外交のつながりも密だと聞かされている。西サハラの鉱物資源と漁業資源を日本が狙うつもりなら、まず外交上の国際貢献をやるべきではなかろうか？

西サハラを支援する外国の議員団

２０１４年4月3日、初めてアメリカ国務長官ケリーがアルジェリアに入った。アルジェリア外務大臣ラマムラとの共同記者会見で、西サハラやパレスチナやシリアや北アフリカ地方に関する両国の協力が謳われた。アルジェリア外務大臣ラマムラは、アメリカ外交官で国連事務総長個人特使ロスの西サハラ紛争に対する尽力を讃え、アルジェリアは国を挙げてロスの平和的解決策を支援すると誓った。

アメリカ国務長官ケリーの動きを受けて、イタリアの上院議会でも、超党派上院議員有志がイタリア政府に対して、「①モロッコ占領・西サハラにおける人権侵害を見張る組織をＭＩＮＵＲＳＯミヌルソ（国連西サハラ住民投票監視団）の中に設けること。②モロッコ占領地・西サハラに調査団やジャーナリストが入れるよう、モロッコに圧力をかける。③ローマに西サハラ代表事務所を設置する」、以上の3点を申し入れた。西サハラのイタリア代表アミー・オマルも議会を傍聴した。

さらにイギリスでは、超党派のイギリス国会議員有志が、モロッコ占領地・西サハラでの西サハラ住民に対する人権侵害を阻止するようＭＩＮＵＲＳＯミヌルソ（国連西サハラ住民投票監視団）に求めた。そして、議員有志は国連安保理に、人権侵害監視組織をＭＩＮＵＲＳＯの中に設けることを要求した。議員有志は２０１４年2月13日から16日にかけてモロッコ占領地・西サハラを視察し、西サハラ住民に対するモロッコ占領当局の残酷な人権侵害の状況を目撃している。

西サハラを巡って欧米の政治家たちが、やっと、初めて、目の醒めるような動きを始めた。国連西サハラ住民投票早期実施と西サハラ住民の人権擁護を、夫々が夫々の形で国連安保理に向けてアピールしている。

（4）モロッコ占領地、西サハラ住民の蜂起

２００８年11月８日は、世界中が夢見心地だった。あの超大国アメリカが黒人大統領を選んだのだ。アフリカは歓喜に涙し、アフリカ最後の植民地・西サハラは、翌日にでも独立を勝ち取れそうな希望に包まれていた。西サハラ難民は早々に帰国の支度を始めた。

しかし、２年後の２０１０年11月８日、西サハラ占領状況はチェンジしていない。それどころか、モロッコ占領地・西サハラでは、モロッコ占領当局による西サハラ人大襲撃が強行されたのだ。

モロッコ占領軍の弾圧

２０１０年10月10日、ラユーン市に住む約５万の西サハラ被占領民のうち約２万がラユーン郊外に約千５百棟のテントを張り、モロッコ植民地支配に対する抗議を始めた。〈蜂起キャンプ〉と呼ばれるテント抗議活動は約１か月間続いていた……。

２０１０年11月８日朝、モロッコ軍はヘリコプターや放水車や重装備の軍用車を動員して、非武装の〈蜂起キャンプ〉に総攻撃をかけた。テントに立て籠もる西サハラ被占領民に向かって、催涙ガス入りの水を浴びせ、機関銃を乱射した。幼児や老人は砂漠に放り出し、少年や成人は男女を問わず連行する。最後にモロッコ軍は、テントに火を点け〈蜂起キャンプ〉を跡形なく焼き

尽くした。

死者36人、負傷者723人、行方不明159人（西サハラ難民政府発表）。死者12人、負傷者4500人、行方不明2000人（AFP発）。死者12人、うち10人はモロッコ兵、2人は市民（モロッコ情報省発表）。何故、こんなに死傷者の数が違うのか？　それはモロッコ軍が、事件の検証を目的とする人権団体や外交官やプレスの現地入りをシャットアウトしているからだ。

ライラの地獄証言

一体、11月8日、西サハラ・モロッコ占領地の〈蜂起キャンプ〉と首都ラユーンで何が起こったのか？　西サハラの女性、ライラに語ってもらう。ライラと言えば、2度にわたりハイジャックをやったパレスチナの女ゲリラを思い出す。しかし、西サハラのライラはモロッコ占領地に住む、普通の被占領民だ。

「11月8日の朝7時、私たちはラユーンでデモを始めようとしていた。その時〈蜂起キャンプ〉がある西の地平線に黒煙が上がった。発砲の音が激しく響き、サイレンが鳴りわたった。モロッコ軍のキャンプ襲撃が始まったんだと、私たちは顔を見合わせた。

私は〈みんなの家〉近くでモロッコ警察のスパイに捕まった。奴らは、警棒やピストルや自動小銃で武装した私服のモロッコ人入植者たちだ。奴らは私に手枷をはめ、助平な言葉を浴びせながら、殴る蹴るの暴行を加えた。その後〈みんなの家〉に引きずり込まれ、尋問と拷問が続いた。かって〈みんなの家〉は社会福祉集会場だった。が、今や他の公共施設と同様に、拘留と拷問の

〈モロッコ地獄〉になっている。

午後5時頃、私は十数名の西サハラ人逮捕者と一緒に、車に詰め込まれる。みんなの顔や体は拷問で血まみれになっていた。

モロッコ占領警察署に着くや否や、私は汚れた細い布で目隠しをされ、夜中まで拷問され尋問された。モロッコ警察は〈蜂起キャンプ〉とデモの情報を欲しがった。11月8日のラユーン・デモで、西サハラ被占領民が初めて西サハラ難民政府の旗を掲げ、サハラ民族自決権とモロッコ占領撤廃のスローガンを叫んだからだ。

私が拷問され尋問されている間、他の部屋から多数の悲鳴やうめき声が漏れてきた。女、男、子供、拷問の犠牲者たちは年令と性別が入り混じった西サハラ住民の声だった。」

武装モロッコ人入植者

ライラの地獄証言は止まるところを知らない。

「隣室に、数人の若いのが連行されてきた。彼らは刀やナイフで武装しているようだった。が、取調べが進み、結局間違い逮捕だと判明。奴らはマラケシュなどから来た、モロッコ人入植者たちだったのだ。」

ライラの研ぎ澄まされた神経は眠りを知らない。

「明け方近く、警官と女拘留者数人との口論が耳に入ってきた。女たちは西サハラの伝統衣装を着ていたため、間違って逮捕されたモロッコ人入植者たちだった。結局、モロッコ国歌を大合唱して釈放された。私も〈国王万歳と叫んだら釈放〉と誘われたが、フン、誰がそんなこと、言うもんか!!」

一方のモロッコは、残虐な弾圧に対する国際社会の非難をかわすため、捏造したビデオを公開し以下のように釈明した。

2010年、モロッコ占領地で抗議のテントデモを張った西サハラ住民に残忍な実力行使をふるうモロッコ治安部隊。(SPS 提供)

西サハラ政治囚たちは劣悪なモロッコ監獄に詰め込まれ、モロッコ占領当局から絶え間ない拷問を受けている。(SPS 提供)

「モロッコ軍はキャンプの子供と老人を救出する作戦を行った。しかし、キャンプに潜んでいたテロリストたちが、ナイフや有毒ガスの入ったボトルでわが軍を襲撃してきた。テロリストの攻撃を阻止するため、やむなく実力行使に踏み切った。

首都ラユーンでもテロリストがデモと暴動を扇動し、わが軍は抗戦した。合わせて10人の死者がわが軍に出たが、市民の犠牲者はいなかった。」

モロッコ外務省と情報省は負傷者や行方不明者の数は発表していない。後でモロッコは「市民に2人の死者」と、付け加えた。

モロッコの弾圧を糾弾

これまで西サハラ紛争に関わるのを避けてきた国際社会も、11月8日の大虐殺事件を受けて、モロッコ非難を始めた。

11月11日、「由々しい虐殺事件だ。現地調査をする」と、スペイン外相ジメネス。

11月12日、「国連は西サハラ人の抗議活動に対するモロッコの弾圧を黙殺するな!」と、英国中東アフリカ相バート。

11月13日、ベネズエラ政府は西サハラ被占領民の抗議活動に対する残虐なモロッコ弾圧を糾弾し、さらに国連西サハラ住民投票早期実現を促し、西サハラ独立を支持した。

11月14日、南アフリカやドイツの議員有志もベネズエラと同様の宣言文を発表。

11月16日、国連安保理でモロッコによる西サハラ住民虐殺弾圧事件が討議され、ウガンダ国連代表ルガンダが特別調査団の派遣を提議する。インド国連大使カーレも同調。

11月18日、ニカラグア政府とメキシコ政府がモロッコを糾弾し〈国連西サハラ住民投票〉の早期実現と西サハラ独立支持を表明。

モロッコに対する糾弾と西サハラ民族自決権要求の声は、アフリカ諸国へ、南アメリカ諸国へ、中央と東ヨーロッパ諸国へと広がっていった。

11月17日、米国テロ戦争対策特別大使ダニエル・ベンジャミンが、スペイン紙ＡＢＣで次のように明言した。「西サハラ被占領民のキャンプとラユーンに於ける抗議活動は、テロではない。モロッコが主張する〈テロ掃討〉には根拠がない。西サハラ人の抗議活動はＡＱＩＭアキム（北アフリカのイスラム・アルカイダ）と全く関係ない」

かくして西サハラ人の独立運動をアルカイダと結び付けようとするモロッコの目論見は、またしても失敗した。

11月17日、ＲＦＫ（ロバート・ケネディー）米国人権センターは、次のように国連に訴えた。「国連は早急に西サハラ・モロッコ占領地へモロッコ軍弾圧国際独立監視団を派遣すべきだ。この瞬間もモロッコ占領軍は西サハラ被占領民への残酷な弾圧を続けている。西サハラ被占領民は、デモ攻撃で受けた怪我の治療をするために、病院に行くこともできない。外に出たら逮捕が待っているからだ。ＭＩＮＵＲＳＯミヌルソ（西サハラ住民投票監視団）のＰＫＯ（平和維持軍）は西サハラ住民を守る義務がある」

同じ11月17日、米国国務省広報担当次官補フィリップ・クローリーは、「米国政府は、西サハラのキャンプとラユーンでのモロッコ軍による暴挙に強い関心を持ち続けている。

米国外交官クリストファー・ロス国連事務総長個人特使の事件報告を待っている。米国は西サハラ民族自決権を目指す〈国連和平交渉〉を支持している」と、公式発表した。

モロッコ軍による〈11月8日の蜂起キャンプ襲撃〉を予め分かっていたのに、ＭＩＮＵＲＳＯミヌルソ（国連西サハラ住民投票監視団）のＰＫＯ（平和維持軍）はモロッコ軍の暴挙を止めるどころか、危険だからと通常のパトロールまでお休みにしていたそうだ。ＭＩＮＵＲＳＯミヌルソ（国連西サハラ住民投票監視団）代表ハニーは、事件の３日後になってやっと、モロッコ軍に守られて現地を視察したとか……。

〈蜂起キャンプ〉デモ逮捕者は今も獄の中

〈蜂起キャンプ〉で逮捕された、24人の西サハラ平和活動家やデモ参加者たちはどうなったのだろう？　24人は審議を受けることもなく監獄に繋がれ、モロッコ当局から拷問や性的暴行を受け続けた。そして、27ケ月後に裁判を突然打ち切ったモロッコ軍事法廷は、24人全員に有罪判決を下した。９人に終身刑、４人に禁錮30年、７人に禁錮25年、２人に禁錮20年、残りに禁錮２年を宣告した。

フィリップ・ルーサー国際アムネスティー中東北アフリカ担当官は、「未決の被告を拘禁し拷問をしたこと、平和デモに参加したことに対する有罪判決、あまりに重い刑罰は重大な人権侵害である。そもそも平和デモの参加者を軍事裁判で裁くこと自体が、国際人権法に違反する」と、強く非難した。

スエーデンやデンマークの人権団体がモロッコ軍事裁判非難声明を出した。

アイルランド外務大臣イーモン・ギルモアが、モロッコ政府を非難した。フィンランド共産党とイタリア共産党は、モロッコ軍事裁判を強く告発するスペインのマドリッド、ラスパルマス、セビリア、ビルバオ、コルドバ、マラガ、ウェルバ、アルメリア、ポアン＆ムルシアといった各都市で、モロッコ軍事裁判とモロッコ占領政策に反対するデモが広がっていった。

モロッコ占領地・西サハラからの脱走者

〈蜂起キャンプ〉後のモロッコ占領当局は国連や国際社会の非難を無視して、ますます西サハラ住民に対する締め付けを厳しくした。集会・言論・通信・移動を禁止する。生きる場がないと悟った若者たちは、無謀なモロッコ占領地脱出を徒歩で決行する。目的地は１１００キロ以上離れた、アルジェリアのティンドゥフにある西サハラ難民キャンプだ。

何人の若者が脱出を試みたのか？　正確な数字をモロッコ占領当局は発表しない。脱出に失敗した若者の家族が、西サハラ難民政府に報告してきた数少ない例を挙げてみる。

アハマドはモロッコ軍が守る〈砂の壁〉に近づいた所で、モロッコ軍に射殺された。アブドッラーは〈砂の壁〉を越えた西サハラ砂漠で、モロッコ軍が埋めた地雷を踏んで死亡した。

モロッコ占領地脱出に成功し、西サハラ難民キャンプに合流した若者たちの脱出行を紹介する。

マライニーン・ラホールは２０００年８月に弟と従弟の３人で、モロッコ占領地・西サハラを

2010年の平和デモで逮捕され、不法にモロッコの監獄に繋がれたままの西サハラ住民たち。(SPS 提供)

2010年12月14日のアルジェで、日本アルジェリア経済協定にサインする前原誠司外務大臣(当時)とアルジェリア外務大臣。

SJJA SAHARA JAPAN JOURNALIST ASSOCIATION

34-2789 Negoya Midori-ku Sagamihara shi Kanagawa
TEL 0427-84-3925 FAX 0427-84-2974 JAPAN
e-mail: itsuko_hirata@hotmail com

岸田文雄　外務大臣殿

吉川元偉　国連日本政府常駐代表特命全権大使殿

「アフリカ最後の植民地．西サハラ紛争解決」に向けて

「日本で両当事者交渉の場を作る事」を求める要望書43

2010年6月21日から42回にわたって、アフリカ最後の植民地．西サハラ紛争解決の為「日本で両当事者（モロッコとポリサリオ西サハラ政府）交渉の場を作る事」の要望書を外務大臣殿と国連日本政府常駐代表特命全権大使殿に提出しているSJJA（サハラ．ジャパン．ジャーナリスト．アソシエーション）です。 国連中心外交を第一義とし積極外交を唱える日本が、国連事務総長にその旨の招待をなされば、「国連主催による両当事者の交渉」を日本でやることが可能です。

"There's only a political solution," US Secretary of State John Kerry said, "we have to negotiate in the end" (American TV CBS Interview 15 March, 2015)
上記のCBSテレビが放映したジョン・ケリー米国務長官のインタヴューは、シリア紛争を対象にしたものです。が、このアメリカ外交方針 ＜Negotiation＞ は、まさに西サハラ紛争において、切望されています。
＜Negotiation Table in Tokyo＞を改めて要請いたします。
“ヨーロッパ連合EUはアフリカや中東の紛争地域などで独自に国際平和協力活動を行っており、、日本とEUの定期首脳協議でも、世界の平和と繁栄に向けてともに積極的な役割を果たすべきだとして、日本の参加の可能性を探っていくことで一致しました”（NHK　08March,2015）
EUは西サハラ紛争解決に向けての国連外交交渉を支持しており、アフリカ連合AUも国連憲章に基づいた国連の＜Negotiation＞を待ち望んでいます。

モロッコと良好な関係にある日本だからこそ、国連や米国と共に、「両当事者交渉の場」を設け、平和的解決への道筋を作ることができると信じています。

SJJA　代表：平田伊都子　所長：川名敏之
TEL:042784－3925. FAX:042784-2974　M：itsuko_hirata@hotmail.com　2015・3・18

脱走した。タクシーで南下し、モーリタニアの国境に近い砂の壁を越え30日間歩き続けた。モーリタニアを縦断する鉄鉱石運搬列車を見つけ便乗し、モーリタニアのズウェラットにある西サハラ難民政府事務所に到着した。西サハラ難民キャンプに合流して5年後に西サハラ作家ジャーナリスト協会を設立し、会長になっていた。

ラルーシ・アブドッラーヒが初めてモロッコ警察に逮捕されたのは1992年、15才の時だった。デモで西サハラの旗を振ったためだ。目隠しをされ手錠をかけられ警察に連れて行かれ、袋を頭に被せられて滅多打ちにされた。3日間、飲まず食わずで家族の事、学校の事、仲間の事などを尋問される。2回目は1999年で7日間、3回目は2001年で2週間……。これ以上モロッコ占領地では生き延びれないと悟り、2002年に3人の活動家と共にラユーンを脱走し、砂の壁を越え、西サハラ難民キャンプに合流した。その後4年間、リビアに留学しキャンプに戻って、モロッコ監獄の西サハラ政治囚人を支援する活動をしている。

(5) 国連脱植民地宣言50周年会議

2010年12月13日午前8時30分、北アフリカ・アルジェリアの首都アルジェにあるシェラトン・クラブ・デパン・ホテル。そのロビーへ突然、ドドドッと日本人約30名の集団がなだれ込んできた。その真ん中に前原誠司外務大臣(当時)の姿があった。

「おはようございま~す。日本人で~す」と、筆者はおもわず大声をかけた。「ご苦労さん」と、外務大臣が答えた。

ご一行さまは、そのまま特別室に向かう秘密階段を駆け上って行く。ナンでそんなに慌てているのかなと、首を傾げながら筆者も一緒に走った。走りながら前原外務大臣に封書を渡した。「何これ？」と前原大臣、「後で読んでください」と筆者。

それは、「アフリカ最後の植民地・西サハラ紛争解決に向けて、日本で両当事者交渉の場を作る事を求める要望書（１４９頁の最新版参照）」だった。要請者はＳＪＪＡ（サハラ・ジャパン・ジャーナリスト・アソシエーション）である。

西サハラ難民キャンプ２０１０

２０１０年の〈アルジェリアと難民キャンプのＮＨＫ取材班〉は、黒柳誠司デイレクター、小島賢一郎カメラマン、筆者の３人だった。成田を12月９日21時55分出発の予定だった。ところが離陸３時間前に突然、乗継のパリ・シャルルドゴール空港が大雪のため閉鎖になったので、欠航と告げられた。代行便は翌朝の10時にしか出ないとのことで、その夜は航空会社が用意したホテルで、イライラしながら眠るしかなかった。貧乏取材の辛いところで、現地日程は４日間、チケットはアルジェリア政府からの貰い物、変更も延期も効かない。

12月10日午前10時、とりあえず成田空港を出発してパリを経由し、18時間後、アルジェリアの首都アルジェへ、12月10日20時過ぎに到着できた。飛行機の中で走りたい気分だった……。同日の夜23時にアルジェからアルジェエリア国内便で約２０００キロメートル離れた、アルジェリア最西端の軍事基地ティンドゥフに飛んだ。さらにその軍事基地から約50キロメートル、西サハラ難民政府が回してくれたトヨタ・ランドクルーザーに揺さぶられて暗闇のサハラ砂漠に入って行った。目的地の西サハラ難民キャンプに着いたのは、翌日11日の早朝5時だった。

仮眠を取る間もなく、7時には薄明るくなった西サハラ難民政府の日干しレンガ小屋群を撮影する。8時に友人のハトリが外国人宿泊所の食堂に案内してくれる。壊れた長机と簡易椅子、メニューは砂混じりの硬いパンと援助物資のチーズ、相変わらず殺風景で貧しい朝食だ。が、寒い冬の砂漠では暖かいミルクとコーヒーがなによりのご馳走だ。

8時半には難民政府が用意してくれたランドクルーザーで、5つある難民キャンプ群の内、一番ゲストハウスに近いスマラ難民キャンプに向かう。

1998年には、このスマラ難民キャンプで「国連西サハラ住民投票」に向けての投票人認定作業が行われていた。投票箱も投票用紙も用意されプレスも難民もやっと「国連西サハラ住民投票」で西サハラ人自ら西サハラ独立かモロッコ帰属かを選べると、大いに盛り上がった。しかし、投票はなかった。なぜなら、西サハラを占領支配するモロッコが、国連の投票人認定基準ではモロッコに勝ち目がないと判断したからだ。モロッコは投票に勝つためモロッコ占領地・西サハラにモロッコ人入植者を大量に送り込んだが、国連基準では彼ら入植者たちが投票人と認められなかった。西サハラを手離したくないモロッコは、2000年に入ると「国連西サハラ住民投票」を拒否し、「西サハラは先祖代々モロッコ王のもの」という主張をし始めたのだ。

12月11日正午に、西サハラ難民政府大統領アブドル・アジズから会いたいとの連絡を受けた。難民キャンプの撮影を中断して大統領舎に車を走らせる。

応接室には、アメリカの西サハラ支援団体が詰めかけていた。オバマ政権になってから、アメリカ人が西サハラ難民キャンプに頻繁に出入りしている。以下、大統領とのインタヴューをQ（筆者）とA（大統領）の形で紹介する。

Q：大統領も12月13日と14日の「国連脱植民地化50周年会議」に出席されますか？

A：勿論、ティンドゥフとアルジェ間のフライトを予約したところだ。

Q：会議のテーマはなんですか？

A：勿論、アフリカ最後の植民地・西サハラだ。アフリカ最後の植民地が開放されるためには「国連西サハラ住民投票」以外にないということを再認識する会議だ。

Q：何故、西サハラ住民投票が速やかに行われないのですか？

A：勿論、モロッコが投票を拒否しているからだ。

「勿論」と言う言葉は大統領の口癖だ。国連が提案し、占領国モロッコが呑み、国際社会が認めている「国連西サハラ住民投票」は当たり前の話であり早急に実施されるべきものだという思いと焦りが、この「勿論」という言葉に籠められている。

Q：日本にとって西サハラは地球の反対側にある遠い所なんですよ……。

A：勿論、承知している。しかし、西サハラには石油、天然ガス、ウランといった鉱物資源が眠っているんだ。それに日本人が大好きな魚が多数、悠悠と泳いでいる。現時点では国連が西サハラを未確定地域に指定していて漁業も採掘も禁じられているが、西サハラが独立したら、真っ先に、日本に声をかけるよ。

Q：「国連西サハラ住民投票」の可能性はあるのですか？

A：勿論、11月8日にモロッコ占領地・西サハラで、西サハラ被占領民による2万人の抗議キャンプをモロッコ治安部隊が大弾圧し活動家たちを虐殺したのを知っているだろう？　あの事件以降、国際社会がモロッコ占領地・西サハラにおけるモロッコ占領当局の残虐で非人道的な行為を非難するようになった。そして西サハラ問題を解決するには「国連西サハラ住民投票」以外にないということを認識し始めたんだ。

サテライトTV局はできたけど……

大統領と「国連脱植民地化50周年会議」での再会を約して、12月初旬に放映を開始した西サハラ難民衛星テレビ局を訪ねる。「これからは西サハラ難民キャンプやモロッコ西サハラ占領地で何が起こっているのかを、世界中の人々に発信できる」と、ムルード・キャスターは目を輝かせる。「日本でも見れる？」という筆者の問いに、「今は無理だけど将来はOKだ」とキャスター。スタッフ一同の笑い声に送られてスタジオを出た。

午後4時、冬の砂漠ではもう陽が傾き始めた。急いでスマラ・キャンプの小学校に駆け込む。

西サハラ地図を背に、西サハラ難民政府大統領アブデ・ルアジズ大統領と筆者。

国連脱植民地宣言50周年会議に参加したベンベラ元アルジェリア大統領など、独立運動の志士たち。

二部制になっている小学校では、午後の部で国語のアラビア語を勉強していた。外国語は、スペイン語やフランス語や英語を学んでいる。日本語はまだメニューに入っていない。

中学校でフランス語と英語を教えている友人ムハンマド（27）の一家は父母と兄弟姉妹合わせて9人家族だ。例によって西サハラ式作法で甘茶を立てながら、ムハンマドは前より明るい表情で能弁に語り出した。「やっと独立の希望が見えてきた気がする。砂漠気候は厳しいし、食料は不足しているし、キャンプ内での仕事は殆ど無料奉仕に近い。しかし、独立という目標があれば耐えることができる」

ムハンマドはキャンプで生まれキャンプで育った。故郷西サハラをまったく知らない。ムハンマドの両親は40年前にモロッコ軍の銃で故郷西サハラを追われ、以来、他の西サハラ難民と同様にこの難民キャンプで暮らしている。

日没の祈りを告げる声が礼拝所から流れてくると、難民たちは夫々の場所で祈る。祈り終えると友人や親類のテントを訪ね、甘茶をたてながら祖国や将来の話しに花を咲かせる。

国連脱植民地化50周年アルジェ国際会議

２０１０年12月13日午前11時、「国連脱植民地化50周年アルジェ国際会議」は１時間遅れで始まった。

ひな壇には会議の議長オバサンジョ元ナイジェリア大統領、ゼリホウン国連事務総長代理、ムーサー・アラブ連盟事務局長（当時）、ジャン・ピン・アフリカ連合議長（当時）、メッサール・マグレブアフリカ・アルジェリア担当大臣などが並ぶ。それに向かい合う半円形の来賓席には、ムベキ元南アフリカ大統領、カウンダ元ジンバブエ大統領、ベンベラ初代アルジェリア大統領（故人）などアフリカ諸国独立の志士たちが坐る。そして、その真ん中に西サハラ難民政府大統領アブドル・アジズがいた。

しかし、会議への参加をお願いした前原誠司外務大臣の姿はなかった。が、前原外務大臣は午後にブーテフリカ・アルジェリア大統領と3時間にわたって会食したという。ブーテフリカ現大統領は1975年に西サハラ難民の面倒をみたアルジェリア外務大臣だった。アフリカ最後の植民地解放に向けての大統領の熱意が、前原外務大臣に伝わったことを願っているのだが？

この日の午後には、ワークショップNo1で国連決議1514「植民地独立付与宣言」の意義と適用が検討され、ワークショップNo2で「国連脱植民地化運動」を巡るプレスの役割が討議された。ワークショップNo2で、アルジェリア政府は招待したプレス関係者に発言を強要した。筆者も飛行機代や宿泊費を支払ってもらった手前、スライドショーを見せながら日本での西サハラ問題を巡る動きを報告する。そして、「日本ではほとんどの人が知らないアフリカ最後の植民地・西サハラ解放運動のことを伝え続ける。そのためにはどんな手段が一番有効なのかを模索していく」と、なんだか恥ずかしい思いをしながら結んだ。

1960年12月14日、国連総会は植民地独立付与宣言を採択した。その要旨を次に記す。

「非自治地域、またいまだに独立を達成していないすべての地域において、これらの住民が自由に表明する意思と希望に従い、人種、信条あるいは皮膚の色による差別なく完全な独立と自由を享受できるようにするため、一切の条件あるいは留保なしに、すべての権限を彼らに委譲するための手段が直ちに講じられねばならない」

50年後のアルジェ宣言では、植民地独立付与宣言に基づく脱植民地化を鼓舞している。「被植民地の住民が独立を目指す、脱植民地運動を支援していこう。1514国連決議の枠内で、民族自決権の行使を求める被占領民に連帯の意を表そう。プレスや映像制作者たちは植民地支配下にある人々の姿をありのままに伝えていこう……」と、謳っている。

この会議を受けてロス国連西サハラ担当事務総長特使は、12月17、18・19日とニューヨークのマンハセットで西サハラとモロッコ両当事者にアルジェリアとモーリタニアを加えた非公式会談を催した。が、「国連西サハラ住民投票」早期実現を迫る西サハラと、西サハラの領有権を主張するモロッコとの溝はまったく埋まらなかった。

「アメリカは西サハラ紛争に注視し続け、1514決議に基づく国連の仲介で、西サハラ民族が民族自決権を行使することを支持する」と、クローニー米外務次官が表明した。

モロッコと友好関係にある日本は今こそモロッコに働きかけて国際社会の土俵に帰ってくるよう説得すべきだ。そしてアフリカ最後の植民地を開放し、アフリカ諸国の信頼を勝ち取り、国連安保理常任理事国入りに向けて、アフリカ53支持票を得、さらなる国際貢献への足がかりにして欲しい。

（６）ポリサリオ戦線幹部、日本に参上

２０１１年5月11日午前6時、勝己と江嵐と伊都子（筆者）の３人は羽田国際空港到着ロビーで、ポリサリオ戦線・西サハラ難民亡命政府全権大使モハンマド・ベイサットの登場を待っていた。ベイサット大使はＳＪＪＡ（サハラ・ジャパン・ジャーナリスト・アソシエーション）の招きで、初めて日本に送られる代表である。勝己はスチール・カメラと運転、江嵐はムービー・カメラと護衛、伊都子は通訳と交渉と雑用を、それぞれ担当する。

ベイサット大使の訪日目的は、「アフリカで最後の植民地となったモロッコ占領下の故郷西サハラの現状と、西サハラ独立運動を潰そうとするモロッコの弾圧」を訴える事にある。

ところが、搭乗機ＪＡＬ０４２の着陸ランプが点いて1時間経ち、同機の搭乗者も乗務員も殆どが出てきたのにベイサット大使は現れない。ＪＡＬの地上職員にベイサット大使の搭乗を確認したが、規則で搭乗者名は調査できないという。筆者は焦った。ベイサット大使の現地出発３日前から、メールも電話も通じなくなっていたからだ。

筆者に、2年半前にポリサリオ戦線幹部から訪日をドタキャンされた苦い思い出がよみがえる。「乗ってなかったかもしれない……」と筆者。「エッ、マジっすか？」と二人。

プレスの日

ＪＡＬ０４２が着陸して1時間半後、やっとベイサット大使が小型キャリアを転がし背広姿で

出てきた。「喫煙所はどこ？」それが彼の第一声だった。勝己と江嵐に案内され、ベイサット大使は喫煙コーナーへダッシュした。

西サハラ難民キャンプはアルジェリア最西端の砂漠にあり、そこからアルジェリアの首都アルジェまで飛行機で2時間半、アルジェからパリまで4時間、パリから羽田まで12時間、乗り継ぎやフライト待ち時間などを入れると2日は覚悟しなければならない。

長旅を終えたベイサット大使を宿泊先のアルジェリア大使館に届けたら、午前9時を過ぎていた。

仮眠を取る間もなく、ベイサット大使には午後1時からのNHKインタヴューが待っていた。NHK辻記者によるポリサリオ戦線レポートは、5月13日のBS1〈きょうの世界〉で放映された。

ベイサット大使の初インタヴューは背広だった。が、顔も体もバランスよくまとまってはいるが、背広姿の小柄なベイサット大使は日本人に溶け込んでしまう。「西サハラ民族を主張するにはブーブーと呼ばれる白い男性用ワンピースでなければだめだ」と、筆者は民族衣装の着用を促した。5月11日の東京は大雨だったが裾をお尻の位置でからげて、ブーブーのベイサット大使は局から局へと走り回ってくれた。

午後2時半には汐留メディアタワーにある共同通信で久下記者のインタヴューを受けた。

午後4時には朝日新聞東京本社で高橋記者のインタヴューがあった。5月12日の朝刊では小さく写真入りで載った。5月17日の朝刊では写真入りで大きく、2面の「ひと」コーナーでベイサット大使が紹介された。「もう一度会いたかった」との高橋記者の伝言が、ベイサット大使の人柄と魅力を語っている。ベイサット大使４３才（当時）、４人の娘と妻と一緒に西サハラ難民キャンプで暮らしている。

午後８時から８時55分までは朝日ニュースター〈ニュースの深層〉に生出演した。

参議院議員会館第二会議室

５月12日も東京は大雨だった。「悪いけど今日もブーブーでお願いします」と筆者が頼んだら、ベイサット大使は長い裾をヒョイッとからげて白い民族衣装で現れた。「ブーブーは祭りや儀式以外ではあまり着ない。日本の着物と同じだ。煩わしいよね」と、ベイサット大使は本音を吐いた。

午後１時から１時間、二村伸ＮＨＫ解説委員の案内で白いブーブーが局内をうろついた。

午後２時30分、白いブーブーは参議院議員会館２階の議員第二会議室に登場した。

生方幸夫・西サハラ問題を考える議員連盟会長、今野東・同事務局長、首藤信彦民主党衆議院議員、姫井由美子民主党参議院議員などがベイサット大使を迎えた（敬称略）。

その席でベイサット大使は西サハラ問題を考える議員連盟に対して、①国連西サハラ住民投票の早期実現、②モロッコ占領地・西サハラでの西サハラ住民に対するモロッコ当局の人権侵害、③西サハラ難民亡命政府・駐日代表部の設置、④西サハラ難民の日本留学、⑤西サハラ独立後の天然資源開発と復興建設援助、など、たくさんの訴えをした。

「世界の80カ国以上がポリサリオ戦線西サハラ難民亡命政府を国として正式に認めている。正式承認していない米、英、仏でも西サハラ難民亡命政府の代表部を置かせてもらっている。日本もまだ西サハラ難民亡命政府を認めていないが、是非西サハラ難民亡命政府の代表部を設置して欲しい」と、ベイサット大使は強調した。

生方幸夫会長は「8月に西サハラ難民キャンプを訪問する」と約束した。「エッ、マジ！」と、筆者と勝己は目を合わせた。50度以上という9月の暑さを経験している二人にも、8月の熱暑は想像もつかない。それに今年の8月は断食月に当たる。断食月には、日の出から日没まで飲食を断ちイスラム教の修行をする。西サハラ人はイスラム教徒だ。

筆者に目配せをしたベイサット大使は、「どうぞお越しください。私が難民キャンプを案内します。8月は一番暑く、しかも断食の辛い時です。が、私たち西サハラ難民は35年間、そんな辛さを乗り切ってきました。国連西サハラ住民投票を経て独立を勝ち取るという目標があるからです」と、答えた。

参議院議員会館を後にして、ベイサット大使と付き人三人は恵比寿駅前のケンタッキーに飛び込んだ。イスラム教の掟で豚肉料理は一切駄目だから、ちょっとラーメンで腹つなぎとはいかない。しかも喫煙のできる安いレストランと、選択肢は限られている。

午後6時半には明治学院大学國際平和研究所で、勝俣誠教授と桜井均教授が主催するミニ・セミナーに参加した。この日も大使館に帰ったのは午後9時半だった。

４政党めぐり

５月13日午後１時、まず衆議院議員第二議員会館の〈みんなの党〉柿澤未途衆議院議員を訪問する。白いブーブーに柿澤議員は目を見張った。父上の故柿澤弘治元外務大臣は、１９９１年11月に〈日本西サハラ友好議員連盟〉を立ち上げた先駆者だ。

１９９１年４月29日、国連安保理はポリサリオ戦線難民亡命政府軍とモロッコ軍に国連西サハラ住民投票を約束し、両軍は１９７５年から続いていた砂漠の死闘に終止符を打った。同年９月にはＭＩＮＵＲＳＯ（国連西サハラ住民投票派遣団）が組織され、日本でも〈西サハラ独立かモロッコ帰属かを選ぶ〉西サハラ住民投票への期待が高まっていた。しかし、数年後にはモロッコの反対で国連投票の見通しが立たず、〈友好議連〉も自然消滅した。

国連投票の再稼動をベイサット大使が訴えていたら、突然、柿澤議員の秘書が飛び込んできて、「笠井亮先生の所から、うちも同じ１時の約束だと言ってきました！」と告げる。「違います。あっちは２時です」と正す筆者。「笠井先生は大先輩だからすぐ行きなさい」という柿澤議員に背を押され、白いブーブーは衆議院第二議員会館の廊下を走った。

笠井亮衆議院議員（共産党）の部屋には議員を中心に共産党國際局次長、通訳、カメラマンが揃っていて、むっとした雰囲気が漂っていた。が、白いブーブーが登場すると空気は一変、明るく華やいだ。「や〜よくいらっしゃいました、同志！」と、笠井議員はベイサット大使を抱きしめた。１９７０年代の戦闘時代から、ポリサリオ戦線と共産党は交流があったとか……。絶えて

ベイサットを歓迎する仲間、左から勝己、ベイサット、アレックス、江嵐、筆者。

2011年5月15日、災害の傷跡が生々しい石巻の街に、ビックリするポリサリオ戦線幹部のベイサット。

いた旧交を暖め合い、これからの連帯を約束して部屋を出た。

部屋を出ると喫煙連帯三人組は衆議院議員第二議員会館一階の喫煙ボックスに飛び込んだ。それから４人揃って、安くて旨い議員ランチで腹ごしらえをした。

午後４時半の〈自民党幹事長代理・国会対策委員長〉逢沢一郎衆議院議員との面会は国会内ですることになった。赤絨毯に白いブーブーはよく似合う。長い裾を翻らせて、堂々の国会対策室入場、逢沢議員が目を丸くさせたのは言うまでもない。

最後に会った〈社民党党首〉福島瑞穂参議院議員は白いブーブーに魅せられていたかのようだ。〈社会主義インター〉だの〈非同盟諸国会議〉だの懐かしい言葉が飛び交い、会談は１時間近くに及んだ。

みよ、〈白いブーブー〉の威力を！

京都から被災地へ

５月14日午前９時30分東京発のぞみ23号で、ベイサット大使の大移動が始まった。貧しい予算の関係上、勝己と江嵐は東京に残ってもらう。

京都大学大講義室は四方功一教授ご一家の手で、西サハラ難民キャンプの子供達の絵や写真が飾られていた。大林稔龍谷大学教授、高橋基樹神戸大学教授、松野明久大阪大学教授、小島賢一郎ＮＨＫカメラマン、黒柳誠司ＮＨＫディレクター、大石高典氏など、多くの方々が参加された。そして実行委員会の世話人・杉山廣行氏が２年前の事件を語った。

「2008年10月、この京都でポリサリオ戦線の幹部一人を招く講演を企画しました。ところが主賓のポリサリオ戦線幹部はドタキャンで来日せず、私達だけで集会をしました。そこへ突然、屈強なモロッコ人が十数人で押し寄せてきたのです。彼らはドタキャンを知らなかったようで、私たちは〈元韓国大統領・金大中拉致事件〉を連想しゾッとしました」

杉山氏の言葉を受けベイサット大使は、「西サハラ人はモロッコの地雷防御壁に分断されモロッコ占領地に約30万人、難民キャンプに約20万人。他国に住む亡命者を含むと約70万人が困難な生活をしています。占領地でのモロッコによる弾圧が問題です」と訴えた。

京都見物などせず、翌5月15日午前6時10分には伊丹空港に向かった。午前9時30分に仙台空港着、9人乗りのミニバスを借りきり仙台駅へ……。仙台駅で地元の故今野東民主党西サハラ問題を考える議員連盟事務局長、二村伸NHK解説委員、アルジェリア大使、そして江蘭と合流する。後者3人は東京発の東北新幹線で着いたばかりだった。

石巻港近辺の津波による惨状に、アルジェリア大使もベイサット大使も言葉を失い、ただ顔を見合わせて首をふるだけだった。

石巻相川子育て支援センター避難所では阿部護避難所長と被災者の方々が、白いブーブー大使を明るく迎えてくださった。「なぜ私が東日本大震災の被災者の皆様方に会いたかったかというと、私達西サハラ人も避難民だからです。避難生活の苦しみと悲しみを共有できると信じたからです。そしてそれ以上に、逆境を乗り切ろうとしている皆様方に学ぼうと思ったからです。こうして今日、皆様方の笑顔に出会い、その思いを強くしました」と、白いブーブーのベイサット大使は語った。

アルジェリア大使はアルジェリアと日本の国旗にアルジェリアの風景をあしらった50枚のTシャツを配った。そして石巻の漁師さんたちにアルジェリア・ワインを約束した。

また会いたいね

日本で最後の5月16日、この日もベイサット大使のスケヂュールはびっしり詰まっていた。午前11時、宿泊先のアルジェリア大使館で、アルジェリア大使も含めてベイサット大使と付き人三人は最終日の打ち合わせし、将来の計画を語り合った。

「36本のアルジェリア・ワインを避難所に送ったよ」と、アルジェリア大使がこともなげに言った。「エッ、マジ!!」ベイサット大使と付き人三人は思わずアルジェリア大使の手を握った。アルジェリア大使は「たいしたことないよ」と照れ笑いした。アルジェリア政府からの8億円東日本大震災義捐金の話をしてくれた時も、大使は照れていた……。

アルジェリア大使はベイサット大使に往復飛行機券を作ってくれ、宿を提供してくれた。アルジェリア大使の心の篭った援助がなかったら、ベイサット大使の訪日は悲惨なものになっていたに違いない。

最後の日は12時半からアルジェリア大使公邸で、南アフリカ、ナイジェリア、ジンバブエ、ウガンダと4人の駐日アフリカ大使に、生方幸夫・民主党西サハラ問題を考える議員連盟会長とべ

石巻避難所で東日本大災害の避難民の方々に、ベイサットは西サハラ難民の子供たちが描いた絵をプレゼントした。

イサット大使に付き人三人を交えた〈ワーキング・ランチ〉で始まった。

ワーキングの成果はともかく、ランチはフランス風のフルコースに北アフリカ名物料理クスクスが付いた豪華な正餐だった。

それからホテルニューオータニでのインタヴューを二つこなし、午後6時には最後の講演会場に入った。池田明史・東洋英和女学院大学副学長と元国連高等難民弁務官日本支部代表の滝澤三郎教授の二人によるミニセミナーは英語で行われた。岡田克也・民主党幹事長の秘書も参加されて「岡田幹事長も西サハラ問題に関心を寄せている」と、ベイサット大使に伝えた。

午後8時半に宿舎のアルジェリア大使館でアルジェリア大使に別れを告げ、午後9時半には羽田空港に着いていた。出発便は翌17日の0時半で、午後11時半頃にチェックインすればよかったのだが、何があるか分からない……。早すぎたけど、午後10時にはチェックインを済ませ出国口に入ってもらった。

「また会いたいね」、「よかった、よかった何も事件がなくて」と付き人三人は到着ロビーで遅い夕食を取っていた。午後10時23分、突然、筆者の携帯が鳴った。「ベイサットはどこだ？」とフランス語で聞く。「ここにはいない。あんた誰？」と筆者が聞くと電話を切った。それから午後11時半まで13回にわたって、「ベイサットに会わせろ」、「ベイサットの居場所を教えろ」といった電話がかかってきて、名前を聞くと切った。いずれも受信記録には〈非通知設定〉と表示されていた。間違いなくモロッコ関係者の電話だ。

「ほんとうによかった！　治外法権があるアルジェリア大使館に泊めてもらって、早めにベイサット大使を日本から出国させて……」と、筆者は胸をなでおろした。しかし、「これからなんだ、恐ろしく予想もつかない妨害工作が襲ってくるのは……」と考えると、限りない不安で胸が一杯になった。

第5章　一日も早く国連主催の和平交渉へ

（1）国連を蹴ったモロッコ

「国連事務総長特使クリストファー・ロスをモロッコ王国は信頼できない」と、２０１２年5月17日、モロッコは絶縁状を国連事務総長に叩きつけた。「エッ！ウソ～」と、筆者は仰天し、速報を流したSPS（サハラ・プレス・サービス）の友人に確認。ホントだった！

モロッコが首を切ったサハラ問題仲介者のクリストファー・ロスはアメリカが国連に送り込んだベテランの外交官だ。モロッコは国連事務総長だけでなく、アメリカに喧嘩を売ったことになる。血迷ったのか、モロッコは？

破れかぶれモロッコ

モロッコは主体的に国連とアメリカに喧嘩を売ったわけではない。モロッコは強くないし、むしろアメリカや元のご主人であるフランスなどに従順で、気持ち悪いほど大国に媚びてきた王国だ。そのモロッコが何故ヒステリーを起こしたのか？　理由の一つに、国連安保理をモロッコの思うようには操れないということにある。２０１２年から2年間の安保理非常任理事国になったモロッコは、モロッコ占領地・西サハラの領有権を安保理に承諾させられると勘違いしたようだ。モロッコ王国は1975年から西サハラの領有権を主張してきたが、同年にＩＣＪ〈国際司法裁判所〉はモロッコの領有権を否決し、1991年に国連安保理は〈国連西サハラ住民投票〉を提案した。20年以上経っても国連が〈国連西サハラ住民投票〉を実施しない事が混迷の根源なのだが、それでも国連安保理は多数の事務総長個人特使を送り込み平和的に解決しようとしてきた。が、ここにきてモロッコは、国連が提案する〈国連西サハラ住民投票〉を完全に拒否してきたのだ。顛末を探ってみる。

２０１２年４月17日、国連事務総長が国連安保理に、モロッコ占領地・西サハラのＭＩＮＵＲＳＯミヌルソ〈国連西サハラ住民投票監視団〉司令部に対するモロッコ当局の妨害を訴えた。

４月24日、国連安保理はＭＩＮＵＲＳＯミヌルソ〈国連西サハラ住民投票監視団〉の一年契約を更新した。

５月10日、モロッコ外務大臣サアド・エッディン・オットマンに、国連事務総長とロス事務総長個人特使が国連主催の〈両当事者交渉継続〉を告げる。モロッコ外務大臣に、アメリカ国務副長官ウィリアム・バーンスがロス主導の平和解決支持を表明する。

５月17日、モロッコはロス国連事務総長個人特使への不信任を表明し、国連に喧嘩を売った。モロッコ爆弾宣言までの経過を辿ると、アメリカの影がチラチラしてくる。モロッコが切れた二つ目の理由は、アメリカがそう仕向けたからではないだろうか？

売られた喧嘩を買ったアメリカと国連

5月21日、モロッコ議会でモロッコ外務省高官ユーシフ・アムラニが次の様に公言した。「モロッコ王国は国連に協力する。但し、モロッコが提案する〈地方自治権〉に関してだけである。モロッコ王国のサハラ領有権は絶対的なもので、サハラは、あくまで国内問題に過ぎない。モロッコ外務省はどこの発信であろうと、モロッコ王国の威信や国益を傷つけるものには断固反対する」

5月24日、モロッコ外務大臣はラバトでの会議で「モロッコ王国の主張は揺るぎない」と、喧嘩の火に油を注いだ。

5月25日、喧嘩を買ったアメリカは、米国務省スポークスマン、アンディ・ハロスを通じて「アメリカは国連事務総長を支持し、彼の特使であるクリストファー・ロスが仕切る両当事者（モロッコと西サハラ代表）の会談を応援し続ける。モロッコは速やかに会談の席に戻ってくること」と、応戦した。

同日、国連事務総長スポークスマン、マーティン・ネサーキは「国連事務総長はクリストファー・ロス事務総長個人特使を全面的に信頼している」と、明言した。

これに対してモロッコは、「フランス外務省スポークスマン、ベルナード・バレロはモロッコ王権下でのサハラ地方自治案を、変わりなく支持すると表明した。それはモロッコがロス国連事務総長個人特使に不信任を突き付けた翌日、5月18日のことである」と抗戦した。

モロッコ領有権の宣伝工作に必死なＣＯＲＣＡＳ（サハラ問題王立諮問委員会）が発信した情報だ。

アメリカにとっての西サハラ

「アメリカはアフリカ最後の植民地・西サハラ問題をどう思っているのか？」と、ことあるごとに聞かれる。アメリカがなんと思おうと、国連は国連が手掛けた問題を自主的に捌いていけばいいし、日本も主体的に西サハラと向き合っていけば好いのだ。が、国際社会も日本もまずアメリカにお伺いを立て、アメリカのご意見を気にする。納得がいかないまま筆者も、アメリカはどうアフリカ最後の植民地・西サハラ問題を対処してきたのか、どう扱おうとしているのか見てみることにする……。悔しいけど学ばせていただく。

アメリカが西サハラ少数民族の独立に目を付けたのは、１９７５年末に旧植民地支配国スペインが西サハラ撤退を決めた時からだ。西サハラ難民が発生した年だ。

その年の12月17日8時30分から9時25分まで、キッシンジャー米国務長官（当時）は当時のアルジェリア外務大臣ブーテフリカ（現大統領）をパリのアメリカ大使公邸での朝食に招待した。「アメリカは、モロッコが領有権を主張する西サハラに、あまり興味ないんだよね……」と安心させて、狡猾な外交官キッシンジャーは、西サハラ独立運動を支援するアルジェリア外務大臣から西サハラ情報を絞り出した。口とは裏腹にアメリカは西サハラに唾をつけようとしていた。アメリカはどんな僻地も粗末に扱わない。地球のどこも国際社会と繋がり、アメリカに利益をもた

モロッコ占領地・西サハラで、平和デモを威嚇するモロッコ占領当局の治安部隊(SPS 提供)。

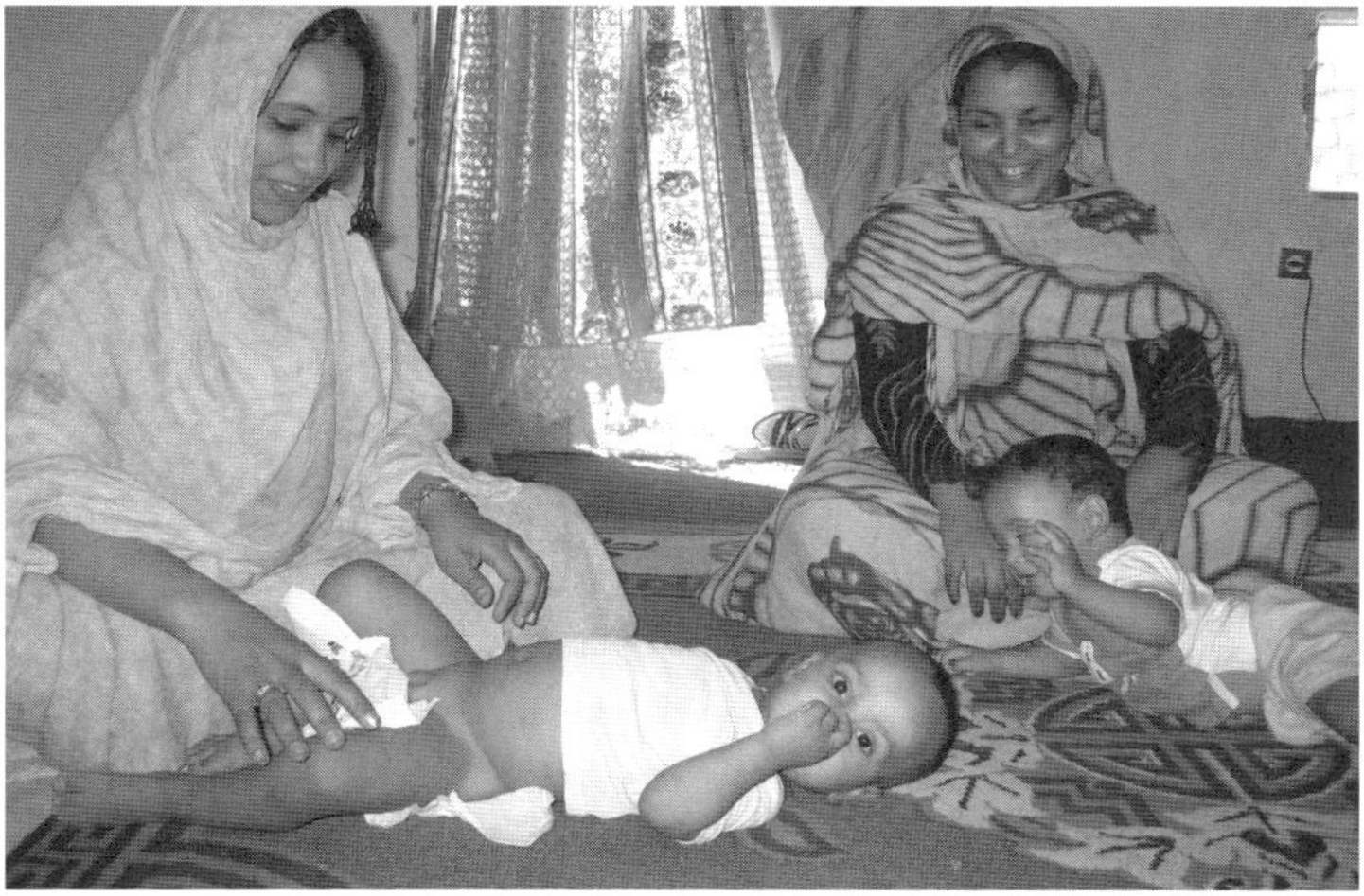

西サハラから銃で追われた難民第一世代、難民キャンプで生まれた難民第二世代、第二世代が生んだ第三世代と、国連の約束を待つ西サハラ人が増え続けている。

らす可能性を秘めているからだ。アメリカが偉いというより、アメリカ外交の指導者キッシンジャーにみる、ユダヤ人の先天的国際感覚には、ただただ感服あるのみだ。

アメリカ外交は狡い。国連を泳がせておいて、一番アメリカにとってお得なアメリカの出番を、虎視眈々と狙っている。

アフリカ最後の植民地・西サハラはその良い例だ。

アメリカとMINURSOミヌルソ（国連西サハラ住民投票監視団）

１９９１年４月30日、国連がＭＩＮＵＲＳＯミヌルソ（国連西サハラ住民投票監視団）を創設し、紛争両当事者のモロッコと西サハラ代表ポリサリオ戦線は停戦した。当時は共和党大統領、父ブッシュの時代で、民主党の故ケネディー議員が中心になって超党派の議員たちがＭＩＮＵＲＳＯミヌルソ（国連西サハラ住民投票監視団）への支持表明をした。

１９９０年代の半ばに入り西サハラで石油、天然ガス、希少金属などの埋蔵鉱物資源が確認されると、西サハラを占領するモロッコは住民投票勝利に向けて、投票準備妨害も含め様々な画策を始めた。民主党大統領クリントンは西サハラを牛耳るチャンスとばかり、１９９７年３月に元国務長官でブッシュの懐刀だったジェームス・ベーカーを国連事務総長個人特使として西サハラへ送り込んだ。ベーカーは剛腕のジョン・ボルトンを引き連れて、国連西サハラ住民投票の実現に向け奔走した。ジョン・ボルトンとは後にアメリカ国連大使に就任する、あのネオコンサーバテイブの超強行派である。

１９９８年10月、ベーカーとボルトンの努力が功を奏し、西サハラ難民キャンプではMINURTSOミヌルソ（国連西サハラ住民投票監視団）職員の手で投票人認定作業が行われた。当時、西サハラ難民キャンプで投票準備を取材していた筆者は、投票箱や投票用紙まで確認している。その後、ベーカーの投票人認定方式では勝ち目なしと判断したモロッコは、投票を拒否した。やむなくベーカーは〈ベーカー案その１〉と呼ばれる修正案を出した。が、今度は西サハラ側が反対し、〈ベーカー案その２〉の提出となったが、またもやモロッコから拒否される。ところが現地巡りをしていたベーカーは体調を崩し、２００３年６月に西サハラ国連事務総長個人特使を退任してしまった。その頃、共和党大統領の息子ブッシュはイラク侵略戦争の罰が当たり、国際社会の非難にさらされ、アメリカは西サハラ住民投票どころではなくなっていた……。

アフリカ系アメリカ大統領とアフリカ最後の植民地

２００５年８月１日から２００６年12月９日までスーパー・ネオコンサーバティブのジョン・ボルトンは共和党大統領、息子ブッシュの命令で国連大使を務めた。「国連は存在しない。あるのは国際社会のたまり場で、唯一のスーパーパワー米国が国連を支配する」と豪語するボルトンだったが、「私が国連大使になってまずやろうと思ったのは、国連西サハラ住民投票だった」と、自身の回想録〈Surrender is not an Option（降伏は選択肢にない）〉に書いている。ボルトンは親分のベーカーが達成できなかった悲願の国連西サハラ住民投票を実現させようと奔走した。結局、アメリカの後押しがいると悟り、ＮＳＣ（アメリカ国家安全保障会議）のエリオト・アブラムに協力を求めた。が、「自由で民主的な国連西サハラ住民投票はモロッコ王権を不穏な状態に陥れ、北アフリカにイスラム過激派がのさばる恐れがある。」というNSCの判断で、ボルトンは住民投票を諦めた。

しかし、２０１２年になると北アフリカは平穏でなくなった。〈アラブの春〉と欧米が名づけて仕掛けた〈アラブの台風〉が吹き荒れ、未だに跡片づけもできていない。

そして２０１２年5月24日、モロッコ最大の都市カサブランカで5万人以上（当局発表2万人）の大反政府デモが、労働組合によって組織された。労働組合によると15才から29才のモロッコ人の半数が失業中だという。（ＢＢＣ・ＴＶ発）

モロッコだけを〈アラブの台風〉は避けて通ったと、モロッコ王は自慢する。が、欧米がその気になれば、経済デモなどにつけこんで〈アラブの台風〉は襲ってくる……。「アフリカ系アメリカ大統領が最後のアフリカ植民地を解放する」という西サハラ側の期待は妄想だったかもしれない。しかし、その植民地解放が別の側面から現実味を帯びてきたら、アフリカ系アメリカ大統領を動かすユダヤ人宣伝マンたちが、その機を逃すわけがない。

〈アフリカ最後の植民地解放〉という道義と正義に満ちた言葉が国際社会で広まっていくことを願いつつ、２０１３年10月10日、ＳＪＪＡはロスに〈Negotiation Table in Tokyo〉を提案した。ロスにモロッコが「ノー」を突きつけて以来中断している両当事者の直接交渉を東京で再開しようという提案だ。（原文はこの１８０頁の最後に添付）

２０１３年10月14日には、〈脱植民地化〉国連第4委員会でエルサルバドル国連大使カルロス・エンリケの提案が承認された。声明文は、「脱植民化委員会はアフリカ最後の植民地・西サハラが早急に解放されることを要求する。国連憲章と国連決議が保障する、西サハラ民族の自決権行使は必須である。民族自決権行使を目指した国連和平案（国連西サハラ住民投票）を実施すべく、両当事者（モロッコと西サハラ）と関係諸国が国連指導の下に速やかに行動することを促す」と、強く要望している。

Negotiation Table in Tokyo（東京で交渉のテーブル）

２０１３年10月17日、国連西サハラ事務総長個人特使クリストファー・ロス（元米外交官）がアルジェリアにある西サハラ難民政府を訪問。ＭＩＮＵＲＳＯミヌルソ（国連西サハラ住民投票監視団）の西サハラ側担当者であるムハマド・ハッダードはロス国連事務総長個人特使との会談後、「ロス国連事務総長個人特使の話は、①いかにして国連西サハラ住民投票を組織できるか、②いかにして中断している〈両当事者直接交渉〉再開への道筋をつけられるか、この2点に絞られていた」と、記者団に語った。

２０１３年10月19日、ロス国連事務総長個人特使がモロッコ占領地・西サハラを訪問。首都ラユーンにあるＭＩＮＵＲＳＯ（国連西サハラ住民投票監視団）の司令部で、ＣＯＤＥＳＡ（西サハラ人権擁護団体）やＣＳＰＲＯＮ（西サハラ天然資源を守る会）などの西サハラ被占領民団体に会った。これまでこれらの西サハラ平和活動家たちは、西サハラ被占領民に対するモロッコ占領当局の迫害を訴えてきたが、初めて、〈国連西サハラ住民投票〉の実施を求めた。

10月19日、ロス国連事務総長個人特使がモロッコ占領地・西サハラのＭＩＮＵＲＳＯミヌルソ〈国連西サハラ住民投票監視団〉の司令部で、モロッコ占領当局に不法逮捕されモロッコ監獄に不法収監されている、西サハラ政治囚たちの家族に会った。家族たちはロス国連事務総長個人特使に、政治囚たちの早期釈放と劣悪な監獄状況の改善を訴えた。彼らも、初めて、声高らかに〈国連西サハラ住民投票〉の早期実現を求めた。モロッコ西サハラ占領地内で〈西サハラ民族自決権〉や〈国連西サハラ住民投票〉などといった言葉を発すると、モロッコ国王に対する不敬罪で逮捕されてしまう。国連施設の中でなければ、ロス国連事務総長個人特使の前でなければ、西サハラ被占領民は声を上げることができないのだ。

10月30日、西サハラ政府国連代表アハマド・ブハリは「西サハラ政府は全面的に国連和平交渉を支持する。今度こそ、ロス国連事務総長個人特使がモロッコの巧妙な外交策略に騙されないことを祈っている」と、ニューヨークで声明を出した。

〈両者直接の交渉テーブルを東京で〉ロス国連事務総長個人特使への提案：（意訳）

「僭越ながら、〈東京で交渉の席を設けること〉を私たちは提案させていただきます。私たちはＳＪＪＡ（サハラ・ジャパン・ジャーナリスト・アソシエーション）とＩＡＡ（アフリカ・アラブ・インフォメーション）です。２０１０年6月以来日本外務省に、〈国連の指導の下にアルジェリアとモーリタニアの参加を得て、東京でポリサリオとモロッコ両当事者の直接交渉〉をと、要望してきました。ご存知のように、日本はモロッコと良い関係にあります。それゆえ、モロッコが容易く快く国連指導の交渉に再参加できるのは日本だと、私たちは信じています。私たちは〈東京

SJJA SAHARA JAPAN JOURNALIST ASSOCIATION

34-2789 Negoya Midori-ku Sagamihara-shi Kanagawa
TEL 0427-84-3925 FAX 0427-84-2974 JAPAN
e-mail itsuko.hirata@hotmail.com

Negotiation table in Tokyo

October 10, 2013

Your Excellency Christopher Ross,

Personal Envoy to the UN Secretary General.

We are very honored to present you a proposal of [Negotiation Table in Tokyo]
We are SJJA (Sahara Japan Journalist Association) and IAA(L'Information sur l'Afrique et les pays Arabes) who demand from the Japanese Ministers of the Foreign Affaires to set up the negotiation table in Tokyo, between the POLISARIO and Morocco, with Algeria and Mauritania, under the auspices of the United Nations, since June 2010.

As you know, Japan has the good relationship with Morocco. And we are sure that it is in Japan for Morocco to return easily and comfortably to the negotiation table under the auspices of the United Nations,

We believe that your support for the idea, [Negotiation Table in Tokyo] could proceed the peaceful solution by the United Nations

Respectfully Yours,

SJJA(Sahara Japan Journalist Association) ITSUKO Hirata
IAA(L'information sur l'Afrique et les pays Arabes) TOSHIYUKI Kawana

で交渉再開〉という提案をあなたが支持なされば、国連の和平解決がより進展すると確信しております。敬具」

ロスの略歴

アメリカの外交官クリストファー・ロスは、１９４３年10月４日にエクアドルのキトで生まれた。１９８８年８月12日から１９９１年８月14日まで駐アルジェリア米国大使を、１９９１年８月２日から１９９８年３月22日まで駐シリア米国大使を務めた。２００３年からアメリカ国務省のアラブ外交専門家として働く。２００９年１月７日に国連事務総長西サハラ個人特使に任命され現在に至る。

２０１４年１月11日、筆者はティンドゥフの難民キャンプに入った。そこで幸運にも一日で、アブデル・アジズ西サハラ難民政府大統領、サリク外務大臣、ハトリ国連交渉団長、ムロウド青年スポーツ大臣、ヤヒヤ赤新月社総裁、シェイク連合会長、その他主要人物全員に会えた。しかし、彼らは、１月21日に予定されているロス国連事務総長個人特使のキャンプ訪問を待っていたのだ。筆者を待っていたのではない。

(2) イナメナス悲劇を乗り越えて

日本人10名がアルジェリアの砂漠にあるイナメナス天然ガス・プラントで殺された。最後の犠牲者、日揮最高幹部・新谷正法氏とは一度、アルジェリア大使公邸のパーティーでお目にかかったことがある。記念写真をお願いしたら、「いや〜そういう事は苦手で……」と、しり込みされた。謙虚で誠実でシャイで、小柄なこの方が日揮の副社長（当時）として、世界を駆け巡る企業戦士とは思えなかった。優秀な頭脳と技術を持つ10人の命を奪ったＡＱＩＭアキムとは、一体、何者なんだ？

チャンチャラおかしい犯人の大義名分

〈ＡＱＩＭアキム〉とは、麻薬と誘拐を生業とし、紛争があれば傭兵を調達する〈戦争犯罪集団〉だ。一般の犯罪集団と違って、ＡＱＩＭアキムはもっともらしい理由をつける。

今回のアルジェリア天然ガス・プラント襲撃に関して、主犯のムフタール・ベル・ムフタールと死亡した襲撃リーダーは、夫々、ビデオ声明をアラブ系衛星テレビに送っている。「我々は欧米式の民主主義を打倒し、イスラム教国を創設する！」と主張している。

それなら、なぜ「反欧米民主主義」を声高に唱えていたリビアのカダフィを、「民主主義」の欧米に命令されて殺したのか？　金と武器を欧米から与えられたからだ。金なのだ。

ＡＱＩＭアキムはこれまでも身代金目当ての誘拐事件を数々起こしている。２０１１年11月23日真夜中には、アルジェリア西北部の砂漠にある西サハラ難民キャンプに２台の四輪駆動者が銃を乱射しながら突入した。そして、スペイン人２名とイタリア人一名のＮＧＯ支援活動家を隣国マリにあるＡＱＩＭアキムのアジトに連れ去った。２０１２年７月18日、３人は無事解放された。

殺されなかったのは身代金のおかげだ。金なのだ。

今回のイナメナス襲撃でもＡＱＩＭアキムは、外国人を人質にしてバラバラに逃走しようとした。やっぱり、金狙いだったと言われている。この天然ガス・プラントを経営する英国ＢＰの副社長と日揮最高顧問新谷正法氏のトップ会談が設定されていた日を襲撃チャンスに選んだのも、高額な身代金を皮算用したからではないだろうか？

ＡＱＩＭアキムは貧乏人を助ける義賊ではない。殉教を騙る単なる犯罪集団だ。「アッラーフ・アクバル（アラビア語で、神は偉大なり）」と叫んで、乱射しながら戦場を駆け巡る傭兵たち、アラーの名を、免罪符よろしくメチャメチャに濫発していいものだろうか？「アッラーフ・ヤアリフ（アラビア語で、神はご存知）」という言葉がコーランに散りばめられている。アラーの神は何もかも御見通しなんだぞ！

アルジェで会ったＡＱＩＭアキムの前身

ＡＱＩＭアキムとは、〈Al-Qaeda in the Islamic Magreb〉の略で、邦訳すると〈マグレブ（北アフリカ）のアルカイダ〉となる。正確な戦闘員の数は、不明だ。２０１１年11月の時点でＡＱＩＭアキム三人衆は、№１がアブドルマレク・ドロウケデル、№２がムフタール・ベル・ムフタール、№３がアボウ・ゼイドと言われていた。しかし、内部抗争で勢力図は変動し続けている。

今回の襲撃事件首謀者で元ＡＱＩＭアキム№２のムフタール・ベル・ムフタールを洗うと、Ａ

ＱＩＭアキムの成り立ちが分かってくる。ムフタールは１９７２年にガラダイヤ・オアシスで生まれた。

イスラム禁欲主義者が多いムザブ族出身で、トアレグ族ではない。ガラダイヤは襲撃事件現場から約８００キロ北西の砂漠にある。彼は19才の時にアフガニスタンに渡り、オサマ・ビンラディンの下でアメリカの傭兵として戦った。１９９３年、アルジェリアに帰国した彼を受け入れたのは、イスラム過激派組織ＦＩＳだった。当時、首都アルジェにあるカスバでは、ＦＩＳの武装集団ＧＩＡと政府軍との戦闘が日常的に勃発していた。筆者はカスバのカフェで、ＦＩＳ穏健派ハシャミ氏からＧＩＡ（イスラム武装集団）の戦闘員〈片目のムフタール〉の話を聞かされた。ムフタール・ベル・ムフタールの仇名である。１９９８年彼は、ＧＩＡにいたアフガン戦争復員傭兵と一緒に、より過激なＧＳＰＣ（説教と戦闘のためのサラフィー主義集団）を結成した。２００７年にはオサマ・ビン・ラデインの配下に入り、ＡＱＩＭアキムと改名した。アルジェリア政府転覆を狙っていたアルジェリア武装集団がアルカイダに組み込まれ、〈アラブの春〉などとおだてられて北アフリカ諸国を転覆させていく。アルカイダを操っているのが民主主義の欧米諸国で、御用済みとなったらオサマ・ビンラデインのように抹殺されるのを、ＡＱＩＭアキムは認識しているのだろうか？

アラブの春を仕掛けた主犯の欧米と実行犯のＡＱＩＭアキムたち

２０１０年12月に始まったチュニジア革命でも２０１１年２月にリビアのベンガジで勃発した

リビア戦争でも、欧米民主主義打倒を信条とするＡＱＩＭアキムはその欧米に金で雇われて、民主化を叫ぶ反政府勢力に加担し、チュニジアとリビアを破壊した。金のためなら主義主張など関係ないという証拠だ。

犠牲者を最小限に食い止めたアルジェリアの人質解放作戦は、フランス大統領の作戦容認発言をきっかけに、アメリカも英国も非難しなくなった。そして、米英仏の軍事介入を断ったアルジェリア政府の英断は、アルジェリアと北アフリカ諸国を安堵させた。

２０１３年1月23日に米上院外務委員会で喚問されたクリントンは「私のやったことに間違いはない！」と、机を叩き激高し、泣き喚いた。喚問は、ベンガジでの米大使襲撃事件を中心に対リビア外交政策の失態を追及するものだったが、質問者の声を遮り怒鳴り散らして自己弁護するクリントンに、「やっぱり……」と、声が上がった。「やっぱり、喚問が嫌で仮病を使い、あわよくば任期切れで逃れようとしていたのでは？」という〈やっぱり〉。「やっぱり、カダフィ殺害をＡＱＩＭアキムなどの傭兵に、事件三日前、トリポリから命令したんだ」いう〈やっぱり〉。「やっぱり、クリントンは政情不安なマリに、ＡＱＩＭアキムを武器と金を与えて先送りしたんだ。マリに軍事介入して周辺地域を無政府状態にし、アルジェリアに軍事進攻しようとしたんだ。アルジェリアの石油や天然ガスを狙ったんだ。リビア攻略と同じ手口で……」という、三つの〈やっぱり〉が出てきた。この三つが立証されれば、晴れてクリントンを戦争犯罪人として国際刑事裁判所ＩＣＣに告訴できる。

一体、何故、フランスはアメリカの後方支援を受けて、マリへの軍事進攻を強行しているのか？　軍事進攻にゴーサインを出していない安保理を無視してまで、マリに大軍を送り込んでいるフランスの真意は何なのだ？

アレキサンダー・メッジャジェブが書いた記事が、端的にその理由を指摘している。

「元植民地宗主国フランスの〈アフリカ再植民地化作戦〉が始まったのだ。フランスの狙いは、元フランス植民地・マリにある金、ダイヤモンド、ウランなどの鉱物資源だ。そのフランスのマリ侵攻を後押しするアメリカの狙いは、①アフリカの天然資源、②アフリカの市場、③中国のアフリカ進出阻止　この三つだ」(Fondsk. ru ロシアのネット通信)

西サハラ民族大集合

２０１１年12月12日から12月20日まで、第13回西サハラ民族大会が行われた。

西サハラ難民政府の呼びかけに応じて、アルジェリアの難民キャンプから、モロッコ占領地西サハラから、独立を目指す西サハラの人々が砂漠の真ん中にあるティファリティに集まってきた。推測人口30万人の内、２１００人の代表者たちが５００のテントを張り、砂混じりのパンを分け合いながら激論を交わしたのだ。

大会会場のティファリティはポリサリオ西サハラ難民政府が支配する西サハラ解放区にある。難民キャンプがある不毛のアルジェリア砂漠とは違い地下水脈があり、タルハという名の木やボール状の草が砂地にへばりついている。スペイン植民地時代の廃墟があるが住民はいない。将来のためにと小学校と病院と9棟の宿泊施設が建てられている。ここで西サハラ民族大会を開催

2011年12月、国連約束の地・テイファリティに駆けつけた占領地・西サハラの人々。

したのは、国連が提案した国連西サハラ住民投票が行われる予定地だからだ。

大会は、国連西サハラ住民投票の早期実施を国連や国際社会に訴え続ける一方で、西サハラ独立を目指す武装闘争も選択肢として残すことを決議した。

大会には、初めてモロッコ占領地・西サハラから55人の西サハラ被占領民が参加した。55人は、モロッコ占領地のラユーン空港や乗継のモロッコ・カサブランカ空港で、モロッコ警察から渡航妨害され、3日間足止めを食った。が、ヨーロッパのNGO団体に助けられてアルジェリアのアルジェ空港に到着し、ティンドゥフの難民キャンプを経由して民族大会会場のテイファリティに辿り着いた。しかし、帰りはもっと怖い。モロッコ占領地・西サハラのラユーン空港に着いたら、家には帰れずそのまま監獄に連れていかれる。

それでも西サハラ被占領民55人は西サハラ民族大会に参加した。

55人の中には、西サハラ人犠牲者を助ける会・ASVDHのブラヒム・サッバール会長の姿もあった。ブラヒム・サッバールは1981年から1991年までモロッコ占領当局の記録では行方不明になっていた。421人の西サハラ政治囚人と一緒にモロッコの暗黒監獄に繋がれていたのを、国際アムネスティーが見つけた。が、うち42人は拷問と餓えで死んでいた。その後も、事あるごとに収監され、我が家で過ごすより監獄生活の方が日常的になっている。

ブラヒム・サッバールのテントにはモロッコ占領地・西サハラからやってきた数人の人権活動家たちも同宿していた。

難民キャンプでの誘拐犯とイナメナス襲撃犯は同じ（アジズRASD大統領）

「覚えているだろう？　2011年10月23日真夜中、アルジェリア西北部の砂漠にあるこの西サハラ難民キャンプに、2台の四輪駆動者が銃を乱射しながら突入したことを……そして、スペイン人2名とイタリア人一名のNGO支援活動家を、隣国マリのAQIMアキムアジトに連れ去った。しかし、2012年7月18日、3人は無事解放された。殺されなかったのは身代金のおかげだ。金なのだ」と、アジズ大統領は筆者に語った。そして、「イナメナス襲撃犯もムフタール・ベル・ムフタール率いるAQIMアキム一派だ。奴をさっさと捕まえていたら、悲劇は起こらなかったかも……」と、2014年に大統領官邸で会った時、アジズRASD大統領は北アフリカに蔓延るAQIMアキムの説明をしてくれた。

［アフリカ大陸の54か国は、旧植民地支配国から独立した。しかし、アフリカにはまだ、時代錯誤な植民地が残っている。それが西サハラだ。

アフリカ大陸には西サハラを含め、55か国がある。アフリカ連合には54か国が参加していて、1984年、西サハラを正式加盟国と承認したことに反発したモロッコは、それ以来脱退したままだ。祖国西サハラをモロッコ軍などの銃で追われた西サハラ難民は、アルジェリア西北部ティンドゥフに難民テントを張り、1975年以来、祖国への帰還と独立を目指して、我慢の難民生活を続けているのだ」と、大統領は会う度に〈最後のアフリカ植民地〉を強調する。さらに、「西サハラ問題を交渉で平和裏に解決しようとする国連の努力を妨げているのが、国連提案を拒否するモロッコと、拒否権を使ってモロッコを助けるフランスだ」と、続ける。そして、「アフリカ最後の植民

2014年４月25日の西サハラの会に参加した人々。

地を解放することをなおざりにして、欧米の旧植民地支配国はアフリカに新植民地を製造しようとしている」と、欧米の欺瞞を非難した。

（3）日本のリーダーたちの「私と西サハラ」

２０１３年10月23日、ＣＯＲＣＡＳコルカス（王立サハラ問題諮問委員会）が、「日本の法務省によるテロリズムに関する年次報告で、南アルジェリアのティンドゥフにあるポリサリオを、40以上あるアフリカのテロリスト組織の一つにした」と、発表した。

モロッコはこれまでにも西サハラ難民政府・ポリサリオにテロリストのレッテルを貼ろうと画策してきた。２０１１年10月23日に西サハラ難民キャンプでヨーロッパの支援者３人がＡＱＩＭアキム（北アフリカのアルカイダ）系のムフタール・ベル・ムフタール一派に誘拐された時、モロッコは〈西サハラ難民政府ポリサリオはアルカイダ〉との噂を流した。

２０１３年１月16日、アルジェリアのイナメナス天然ガス・プラントを同じ一派が襲撃した時も、モロッコはＡＱＩＭアキムと西サハラ難民政府ポリサリオを結び付ける画策をした。

モロッコ嘘捏造工房

モロッコがどうやって小さな噂から西サハラ民族にテロリスト民族の汚名を捏造していくのか？　日本での一例をばらしていく。

日頃からモロッコは、日本の情報源にも目を光らせ、ネタ探しをしている。そして、モロッコは、公安調査局の２０１２年次報告の中に、小さな嘘の種を見つけた。「ＡＱＩＭアキム（北アフリカのアルカイダ）は、ＡＱＡＰアカプ（アラビア半島のアルカイダ）、及び西サハラの〈ポリサリオ戦線〉とも連携しているとの指摘がある」というこの一節を、モロッコ・スパイ機関がつまみ出した。この短い文は、情報提供組織の一つである公安調査庁の膨大な〈年次報告〉の中の……〈国際テロリズム〉の中の……〈世界のテロ組織等の概要・動向〉の中の……７ページに及ぶ〈イスラム・マグレブ諸国のアルカイダ〉の中の、隅っこにある〈噂の一つ〉なのだ。この噂をネタにモロッコは、法務省や日本政府を登場させ、どんどん膨らませ、「日本の年次報告はポリサリオをアフリカのテロリストと位置づけた」と、嘘を捏造したのだった。ちなみに公安調査庁をネットで検索すると、「公安調査庁は、〈破壊活動防止法〉と〈団体規制法〉に基づいて、団体規制及び規制に関する調査を行うとともに、我が国の情報コミュニティの一員として、国際テロや北朝鮮情勢など国内外の情報の収集・分析に取り組んでいます」とある。公安調査庁に日本政府見解を発表できる権限など、全くない。

モロッコの妨害にも拘らず……

アフリカ最後の植民地・西サハラ問題を公に取り上げようとしたり、西サハラ難民亡命政府を公式訪問しようとすると、在日のモロッコ大使やモロッコ人たちがあからさまに妨害してくる。「西サハラから手を引いてくれ。さもないと、モロッコ王から首を切られる……モロッコは、日本との国交を断絶する」というのが、決まりの脅し文句のようだ。

しかし、モロッコの妨害にも拘らず、アフリカ最後の植民地・西サハラに思いを寄せる日本の人びとがいる……２０１３年５月20日、５人の国会議員が英文で共同声明を出した。

そして、２０１４年４月25日午前７時48分、オバマ・アメリカ大統領離日のため厳戒態勢の羽田空港に、ムロウド西サハラ・アジア担当大臣が到着した。乗継のロンドン・ヒースロー空港から「空港内の荷物検査場が大混雑していて、もしかすると東京行きの便に乗れないかもしれない……その時はゴメン。でもおれのせいじゃないよ」と、ムロウド大臣から前夜に緊急メールが入っていた。無事到着を信じてＳＪＪＡ（サハラ・ジャパン・ジャーナリスト・アソシエーション）の勝己と筆者は、午前６時30分から羽田空港到着ロビーで待機していた。ムロウド大臣が出口から出てきた時、思わず走っていって飛びついた！

羽田から都心に向かう道路は、厳しく規制されていたので、モノレール、ＪＲ、地下鉄と公共交通機関を使い、通勤ラッシュに揉まれながら第二衆議院議員会館へ向かう。旧知の笠井亮衆議院議員と再会を喜び、11時に隣の参議院議員会館に飛び込み、江田五月参議院議員の事務所で〈西サハラ問題を考える会〉の打ち合わせをする。12時、鳩山由紀夫元内閣総理大臣を迎えて会が始まった。鳩山由紀夫元内閣総理大臣は〈友愛〉の精神に基づいて〈西サハラ民族自決権〉を支持している。途中参加した福島瑞穂参議院議員は〈西サハラ民族の独立運動〉を支持している。江田五月参議院議員は〈日本西サハラ友好議員連盟〉の初代会長だった。

以下に、4月25日の〈西サハラ問題を考える会〉に賛同された、日本のリーダー諸氏が寄せる西サハラへの思いを紹介させていただきます。寄稿いただいた順になっています。

〈ラストコロニー〉へのメッセージ　鳩山由紀夫

〈元内閣総理大臣、一般財団法人東アジア共同体理事長鳩山友紀夫〉

「私は植民地支配の歴史は20世紀に終りを告げ、植民地と言う言葉は死語になっていると思っていました。日本もかつて、西欧化の時代の流れに負けまいと、植民地獲得に力をいれ、隣国に大変な苦痛を味合わせてしまった歴史があり、植民地という過去に贖罪の意識を持っている人も多いことと思います。それだけに、私が世界には西サハラという最後の植民地がまだ残っていると知ったときにはかなりの衝撃を受けました。そして、そのことに無頓着であったことを恥ずかしく思いました。

百聞は一見に如かずと、アルジェリアの西端にあるティンドゥーフの難民キャンプを訪れたいと考えましたが、いくつかの問題により実現できていないことは残念に思っています。

私は国連が西サハラの脱植民地化を支持しているのですから、日本がもっと強く国連の方針をサポートすべきと考えます。モロッコと日本の皇室を含む永年の関係に気を配り過ぎて、事態を改善できないとしたら、アメリカがモロッコに対して人権侵害を批判しているのですから、日本は当事者を東京に招いて国連交渉を再開させるくらいのリーダーシップを発揮すべきなのではないでしょうか。私の感触では、モロッコも国連の方針には基本的には従うと思っていますので、あとは如何にして住民投票を具体的に早期に実施するかではないかと思います。人のいのちには限りがあります。解決を急がねばなりません」

〈私と西サハラ〉　江田五月（参議院議員、第27代参議院議長、第87代法務大臣、第16代環境大臣）

私が西サハラ問題に関わったきっかけは、１９９１年に国連の仲介でモロッコとポリサリオ戦線が停戦に合意し、国連西サハラ住民投票監視団が活動を開始した時だ。柿澤弘治衆議院議員（故人）らと、独立する新生国家を支援して行こうと相談し、私が会長となって「西サハラ友好議員連盟」を立ち上げた。当時は、すぐにも住民投票が行われる雰囲気だったが、23年を経た今も出口は見えていない。

私がその当時に関わっていたもう一つの自決権の案件であった東ティモールは、１９９９年に国連主導の住民投票により、インドネシアからの自決権確立が圧倒的多数で議決され、私もオブザーバー参加して感動をともにした。その結果、遂に２００２年に独立を果たした。

遅れた西サハラ問題は、ヨーロッパでは大きな関心がもたれ続けている。アフリカ連合（AU）では、１９８４年に加盟国の承認で西サハラの参加が実現している。因みに、モロッコは抗議して脱退したままだ。２００６年に南アを訪問してAU会議を傍聴した際の、ムベキ南ア大統領の西サハラ独立の闘いに触れた感動的な演説を、今でも思い出す。米国でもケリー米国務長官が今年の４月初めに関係地域を視察するなど、問題解決に向けた具体的な動きを模索しているようだ。残念ながら私たちの努力不足もあり、日本ではなかなか国際社会での問題意識が共有されていない。

しかし、西サハラウイ協会の地道な努力と、平田伊都子さんの類まれなエネルギーによりSJJAの活動が実を結び始めた。今回の平田さんの「ラストコロニー」の出版が、多くの人たちの西サハラ問題を知るきっかけとなり、これが一日も早く「アフリカ最後の植民地・西サハラ」の独立に繋がるように願ってやまない。

〈私たち国会議員も何かしなくては…〉 福島みずほ（参議院議員、社民党副党首）

２０１３年５月に超党派の議員５人で、西サハラ解決に向けて共同声明を出しました。

共同声明の中で、西サハラ人民の民族自決権を支援し、モロッコ占領地・西サハラでの西サハ

ラ住民に対する人権侵害を糾弾する、国会議員としての意思を表明しました。私たちは、東チモールとビルマに関しても、民族自決権や人権問題と取り組んできました。なかなか目覚ましい進展は望めませんでしたし、ビルマではいまも人権問題がくすぶっています。それでも、解決に向け明るい道筋をつけることができました。一方、最後のアフリカ植民地・西サハラ問題は39年間も据え置きにされたままです。

江田五月・初代日本西サハラ友好議員連盟会長とは東チモール独立運動でもご一緒に支援してきました。鳩山由紀夫元総理大臣とは様々な人権問題で、共に働いてきました。お二人の重鎮が西サハラ問題に関わっておられるのを受け、私たち国会議員も具体的な行動を起こさなければならないと思っております。

〈「世界の構造変化」、いまこそ西サハラの地に〉 笠井亮（日本共産党衆議院議員）

20世紀におこった世界の最大の変化は、植民地体制が完全に崩壊し、民族自決権が公認の世界的な原理となり、１００を超える国々が新たに政治的独立をかちとって主権国家になったことにありました。この「世界の構造変化」と呼ぶにふさわしい巨大な変化を、いまこそ西サハラの地にもたらすときです。

旧スペイン領の西サハラでは、モロッコによる占領からの独立をめざすポリサリオ戦線が１９

76年、サハラ・アラブ民主共和国の建国を宣言しました。日本共産党は、当時から、西サハラの民族自決権を一貫して支持してきました。私自身も、国際舞台で、ポリサリオ戦線代表と交流する機会が再三あり、最近も、昨年、今年と続けて、ムロウド・サイド・アジア担当大臣を迎えて懇談を重ね、友情を深めてきました。

今日、西サハラの住民投票による自決をめざすたたかいが、粘り強くすすめられています。これを支持して、国連はもちろん、欧米諸国、サハラ・アラブ民主共和国を正式加盟国とするアフリカ連合（AU）などが活発に動き、アパルトヘイトに勝利した南アフリカが、アフリカ最後の植民地・西サハラの解放に向けて尽力しているのは、心強い限りです。

こうしたなかで、日本政府の果たすべき役割は、きわめて重要です。この間、超党派の国会議員による西サハラの民族自決権を支持する共同声明を発出しましたが、さらに支持を広げる努力をしていく決意です。

何より、独立、平和、民主主義、社会進歩のためにたたかう、西サハラと世界のすべての人民の連帯のために。

〈父の遺訓〉　柿澤未途（衆議院議員、維新の党政務調査会長）

東大受験では社会科は世界地理で受けた。受験勉強では世界地図を穴のあくほど見て、地中海気候（Cs）だの何だのを白地図に書き入れた。その時にアフリカ大陸でどの国でもない白地の土地があったのが印象に残っている。それが西サハラだ。

その西サハラの亡命政府の関係者に会いにアルジェリアに国会議員として行く事になるとは思わなかった。ティンドゥーフの難民キャンプにはモロッコに追われて40年の長きにわたり流亡の生活を送るサハラウィが暮らす。砂漠の真ん中の過酷なテント生活では幼児の30％が栄養失調だと西サハラ赤新月社の総裁は話していた。

勇敢だが穏健なサハラウィには、北アフリカの一部で猖獗する原理主義やテロリズムの気配は感じられない。しかし難民生活の長期化で「私達の忍耐も限界」という声も聞かれる。彼らが2020年の東京オリンピック・パラリンピックに選手団を送れるようにできたら、将来に向けた希望になるのではないかと思った。

亡き父の柿沢弘治（元外務大臣）はフランス語が堪能で欧州通の国会議員として知られたが、その語学力を活かしてアジアやアフリカのフランス語圏にもコネクションを築き上げた。カンボジア和平の仲介にもそれが活かされた。そしてそれがゆえに西サハラ問題を考える議員連盟の創設者の一人ともなった。

「若手議員の頃は小さな国と深い付き合いをした方がいい。大国は当選回数を重ねないと重視してくれない」と父は生前に言っていた。父の遺訓の通り、アフリカ大陸の白地に色が付くまで、西サハラの良き友人でありたいと思う。

クリストファー・ロス国連事務総長西サハラ個人特使の礼状

（写真は国連政治問題局から）

２０１４年４月28日、国連事務総長西サハラ個人特使クリストファー・ロスから４月25日に参議院会館で開催した〈西サハラの会〉に感謝するメールが届いた。以下にその礼文を添付する。

「Dear Mr. Itsuko,

Thank you so much for sending me this report and photo. I regret very much that I was unable to join you to explain the role of the United Nations in this conflict, which has gone on far too long.

With best regards,

Christopher Ross

Personal Envoy of the Secretary-General for Western Sahara」

（国連事務総長西サハラ個人特使クリストファー・ロスのメール　意訳）

「親愛なる伊都子、（西サハラの会の）報告と写真をありがとう。私があなたがたに合流できなかったことは、残念至極だ。あまりにも長すぎるこの紛争において、国連の果たしてきた役割を説明するべきだった。

敬具

クリストファー・ロス　西サハラのための事務総長個人特使」

参考資料として、２０１３年5月20日、五議員の西サハラ民族自決権を支持する共同声明の英文とその意訳を下に紹介する。

（共同声明の意訳）

「１９７５年10月16日の国際司法裁判所による西サハラ地位・法的見解を鑑みると、西サハラ領土とモロッコ領有権には関連性が見られない。裁判所は西サハラの脱植民地化と民族自決権を明記した１５１４国連決議に基づいて領有権を否決した。２０１３年４月19日発Ｕ・Ｓ・国務省の各国人権報告によると、国際アムネスティーやＨＲＷやＲＦＫセンターの調査結果を受けた同省のモロッコ占領地・西サハラ人権報告書が、その地の人権状況を非難している。この現状を鑑み、日本の超党派議員有志は、長期にわたる西サハラ紛争の政治的解決となる民主的な国連住民投票が、西サハラ住民の自由な選択を保障し、そのことが地域の安定をもたらすと考えた。共同署名者は、西サハラ人の人権擁護に関わる国際社会の行動を支持する」

（４）国連の約束、オリジナル文書

なぜ、10万人の西サハラ住民は拷問されても虐待されても、モロッコ占領地・西サハラで反占領抵抗運動を続けるのか？

May 20, 2013

Statement on Western Sahara

Considering the Legal opinion of the International Court of Justice of October 16, 1975 which in the case of Western Sahara stated that there were no ties of territorial sovereignty between the territory of the Western Sahara and the Kingdom of Morocco, thus the Court has not found legal ties of such a nature as might affect of resolution 1514 (XV) in the decolonization of Western Sahara, in particular, the principle of self-determination through the free and genuine expression of the peoples of the territory.

Concerned for the reporting by the United States Department of State Country Report on Human Rights of April 19, 2013 about the human rights abuses in the territory of Western Sahara under Moroccan control, reports confirmed by Amnesty International, Human Rights Watch and Robert F. Kennedy Center.

The Members from different parties represented in the Parliament of Japan co-signers of the present statement of concern, support the political solution of this long standing conflict of Western Sahara through a democratic referendum that will allow the people of Western Sahara to freely choose its destiny, which will make possible the regional integration and the stability in the region.

The co-signers support the involvement of the international community in the protection of the human rights of the Sahrawi people.

Co-signers:

Mito KAKIZAWA
Member of the House of Representatives

Yukio UBUKATA
Member of the House of Representatives

Akira KASAI
Member of the House of Representatives

Satsuki EDA
Member of the House of Councilors

Mizuho FUKUSHIMA
Member of the House of Councilors

なぜ、20万人の西サハラ難民は40年以上、アルジェリアの難民キャンプで反植民地運動を続けるのか？

私たち日本人にはとても理解できない行動だ。日本人に、国を外国人に占領されている悔しさは分からない。日本人に、国を追われた恨みは分からない。日本人に、国のない民族の辛さは分からない。

国を奪われた被害者、植民地支配国から迫害され続けている被害者、国連の空手形に翻弄されている被害者、西サハラの人々は国際社会の被害者なのだ。被害者の悔しさが西サハラの人々を支えている。さらに西サハラの人々が過酷な状況の下で独立に向けて闘い続けられるもう一つの大義がある。それは、国連と国連機関が認める独立闘争ということだ。

西サハラを巡る国連の選択を知れば、国際社会の一員である日本人も、遠い地の被害者の痛みと信念に心を寄せれるのではなかろうか……以下に、その信念の礎となる国連公文書を紹介する。①国連植民地独立付与宣言、②国際司法裁判所ＩＣＪ西サハラ判決、③２０１４国連安保理西サハラ決議の一部、の順で原文のさわりを引用し、意訳をつけておく。

国連植民地独立付与宣言（参照：国際連合の基礎知識）

１９６０年12月14日、国連総会で決議１５１４として可決された宣言である。１９４８年の国連総会が決議した〈世界人権宣言〉に基づいて、民族自決を成し遂げたいという地域の人々を鼓舞するために宣言した。宣言の内容は前文と本文の７項目で語られている。

United Nations General Assembly

Declaration on the Granting of Independence to Colonial Countries and Peoples

Adopted by the UN General Assembly Resolution 1514 (XV), 14 December 1960

1. The subjection of peoples to alien subjugation, domination and exploitation constitutes a denial of fundamental human rights, is contrary to the Charter of the United Nations and is an impediment to the promotion of world peace and co-operation.

2. All peoples have the right to self-determination; by virtue of that right they freely determine their political status and freely pursue their economic, social and cultural development.

3. Inadequacy of political, economic, social or educational preparedness should never serve as a pretext for delaying independence.

4. All armed action or repressive measures of all kinds directed against dependent peoples shall cease in order to enable them to exercise peacefully and freely their right to complete independence, and the integrity of their national territory shall be respected.

5. Immediate steps shall be taken, in Trust and Non-Self-Governing Territories or all other territories which have not yet attained independence, to transfer all powers to the peoples of those territories, without any conditions or reservations, in accordance with their freely expressed will and desire,

without any distinction as to race, creed or colour, in order to enable them to enjoy complete independence and freedom.

6. Any attempt aimed at the partial or total disruption of the national unity and the territorial integrity of a country is incompatible with the purposes and principles of the Charter of the United Nations.

7. All States shall observe faithfully and strictly the provisions of the Charter of the United Nations, the Universal Declaration of Human Rights and the present Declaration on the basis of equality, non-interference in the internal affairs of all States, and respect for the sovereign rights of all peoples and their territorial integrity.

（意訳）

国際連合総会

植民地独立付与宣言（植民地下にある国々や人々の独立を許諾する宣言）

１９６０年12月14日、国連総会決議１５１４（15）の採択

1．外国による隷属・支配、基本的人権の否定を構成する搾取、これらへの人々の従属は国連憲章に反するもので、世界平和と協力の推進にとっての障害となる。

2．すべての人々には自決権があり、その権利によって、自由に自らの政治的な地位を決め、自由に自らの経済的・社会的・文化的な開発を遂行することを得る。

3．政治、経済、社会、教育の準備の不十分さが独立を遅延させるための口実とは決してならない。

4．従属する人々に向けられるすべての武力行使やすべての種類の抑圧手段は、人々が独立を完了する権利を平和かつ自由に行使することができるために停止されねばならない。人々の領土保全は尊重されねばならない。

5．無条件あるいは留保無しで、自由に表現される意思と欲求に従い、人種、信条または肌の色の違いに関わらず、人々が独立と自由を達成するために、信託統治領、非自治統治領や独立を未達成の他のすべての領域の人々へすべての力を譲渡するための即座の処置がとられねばならない。

6．部分的であれ全面的であれ、国民的統合と領土保全の分裂を狙ったいかなる試みも、国連憲章の目的と原則には相容れない。

7．全ての国家は、国連憲章の条項、世界人権宣言、今日ある平等を基礎とした宣言を忠実かつ厳密に遵守し、全ての人々の主権と領土保全を尊重せねばならない。

さらに総会は、西サハラ、東チモール、フォークランド諸島の地域に関しては、国連憲章および植民地独立付与宣言に基づく非植民地化の過程の援助と促進を事務総長に委託している。が、宣言文7項に謳われているにも拘らず、議決の時には主要宗主国アメリカ合衆国、イギリス、フランス、ベルギー、ポルトガル、スペイン、南アフリカの7カ国が棄権にまわっていたことを、特筆しておく必要がある。

国際司法裁判所ＩＣＪ西サハラ判決（参照：ICJ Advisory Opinion of 16 October 1975）

１９７５年10月16日、国際司法裁判所ＩＣＪは、モロッコとモーリタニア両国の西サハラ領有権をはっきりと否決した。当時の西サハラは、まだスペインの植民地だった。スペインが西サハラ植民地を放り出し、国連や国際司法裁判所ＩＣＪや西サハラ住民に無断で西サハラ領土をモロッコとモーリタニアに不法分譲したのは、同年11月14日のことである。この秘密取引を〈マドリード三国秘密協定〉と呼ぶ。

国際司法裁判所ＩＣＪの西サハラに関する主文を以下に紹介する。

INTERNATIONAL COURT OF JUSTICE
WESTERN SAHARA
Advisory Opinion of 16 October 1975

The materials and information presented to the Court show the existence, at the time of Spanish colonization, of legal ties of allegiance between the Sultan of Morocco and some of the tribes living in the territory of Western Sahara. They equally show the existence of rights, including some rights relating to the land, which constituted legal ties between the Mauritanian entity, as understood by the Court, and the territory of Western Sahara. On the other hand, the Court's conclusion is that the materials and information presented to it do not establish any tie of territorial sovereignty between the territory of Western Sahara and the Kingdom of Morocco or the Mauritanian entity. Thus the Court has not found legal ties of such a nature as might affect the application of General Assembly resolution 1514 (XV) in the decolonization of Western Sahara and, in particular, of the principle of self-determination through the free and genuine expression of the will of the peoples of the Territory.

（意訳）

国際司法裁判所

西サハラ

１９７５年10月16日の見解

スペイン植民地時代、モロッコ大公に西サハラに住んでいたある部族が忠誠を誓ったということが法的な根拠になるという物証と情報がこの裁判所に提示された。同じように彼らは、モーリタニア国家も西サハラ領土と法的関係に基づくある種の権利を持っているとアピールをした。一方、裁判所は、提示された物証や情報は、西サハラ領土との間にモロッコ王国やモーリタニア国家の領有権を証明するものは全くない、という結論を下した。かくして裁判所は、国連総会の１５１４決議に影響を与えるような類の法的根拠を見いだせなかった。特に、この地域住民の意志は、彼ら自身が自由にありのままに表明することによって、彼らの民族自決権を行使できるというのが原則で、それを阻むことはできない。

2014年国連安保理西サハラ決議（参照：国連安保理決議２１５２）

２０１４年の４月もまた、国連安保理は西サハラに関する決議を出した。そして国連西サハラ住民投票監視団ＭＩＮＵＲＳＯの任期を、また一年、更新した。１９９１年４月29日に初めて国連西サハラ住民投票を提案しモロッコと西サハラの停戦を果たしてから、はや、23回目の更新になる。それなのに、未だに国連は西サハラ住民投票に手をつけていない。そして、毎年４月末になると、殆ど同じ内容の西サハラ国連安保理決議を出して、問題解決をズルズル先送りにしている。

２０１４年４月29日に出された国連安保理決議2152の冒頭部分の一部を紹介する。例年の如く、前年度の業績？　を並び立てているが、再更新を求める自己宣伝の業務報告なので、後半は省いた。興味のある方は国連安保理決議をクリックして全文を読んでください。

United Nations Security Council
Resolution 2152 (2014)

Adopted by the Security Council at its 7162ndmeeting, on 29 April 2014

The Security Council,

Recalling and *reaffirming* all its previous resolutions on Western Sahara,

Reaffirming its strong support for the efforts of the Secretary-General and his Personal Envoy to implement resolutions 1754 (2007), 1783 (2007), 1813 (2008), 1871 (2009), 1920 (2010), 1979 (2011), 2044 (2012), and 2099 (2013),

Reaffirming its commitment to assist the parties to achieve a just, lasting, and mutually acceptable political solution, which will provide for the self-determination of the people of Western Sahara in the context of arrangements consistent with the principles and purposes of the Charter of the United Nations, and *noting* the role and responsibilities of the parties in this respect,

Reiterating its call upon the parties and the neighbouring states to cooperate more fully with the United Nations and with each other and to strengthen their involvement to end the current impasse and to achieve progress towards a political solution,

Recognizing that achieving a political solution to this long-standing dispute and enhanced cooperation between the Member States of the Maghreb Arab Union would contribute to stability and security in the Sahel region,

Welcoming the efforts of the Secretary-General to keep all peacekeeping operations, including the United Nations Mission for the Referendum in Western Sahara (MINURSO),

Having considered the report of the Secretary-General of 10 April 2014 (S/2014/258),

Decides to extend the mandate of MINURSO until 30 April 2015;

(意訳)

国際連合安全保障理事会
決議２１５２（２０１４）

２０１４年４月29日、第７１６２回会合での安全保障理事会の採択

安全保障理事会は、（これは主語、述語は下文の最後に出てくる）

西サハラの全決議を再考慮し再確認し、

すなわち、国連決議１７５４（成立２００７）、１７８３（成立２００７）、１８１３（成立２００８）、１８７１（成立２００９）、１９２０（成立２０１０）、１９７９（成立２０１１）、２０４４（成立２０１２）、そして２００９（成立２０１３）の全決議において、事務総長と彼の個人特使への全面的支援を再確認し、

当事者が、正当で継続的で双方が納得のいく政治解決を達成することを支援するという文言、そしてそれが国連憲章の精神と目的に沿った調整に基ずく西サハラの人々の民族自決権をもたらすものであることを再確認し、さらにこの観点から当事者の役割と責任を促し、

当事者と隣国がもっと全面的に国連と相互間で協力し、現在の袋小路から抜け出るよう強く働きかけ政治解決に向け前進があるようにとの呼びかけを続け、

この長期にわたる紛争に対して政治解決を達成させることは、マグレブ・アラブ連合のメンバー間で強力な協力がなされれば、それが翻って、サヘル地域の安定と治安をもたらすものと認識しつつ、

ＭＩＮＵＲＳＯ国連西サハラ住民投票監視団を含む、全てのＰＫＯを維持している事務総長の

努力を歓迎しつつ、
（主語はこの長文の初めにある安全保障理事会）２０１４年４月30日の事務総長報告を鑑み、
ＭＩＮＵＲＳＯの任期を２０１５年４月30日まで延長することを決定する。

国連の公文書は読みにくいけど、どれもご立派だ。これらの国連決議を見る限り、明日にでも西サハラ住民投票が行われそうだし、行われなければならない。しかし、24年間放ったらかしにされたままだ。どうして？　信じられない！

第39回国連総会での西サハラ支援演説

第39回国連年次総会でも、加盟国の代表が基調演説を一週間にわたって繰り広げた。アフリカや中南米の首脳たちが、アフリカ最後の植民地・西サハラの解放を訴えた。しかし世界の大国は、自国の利益を追求することや戦争ごっこをすることに夢中で、小国の名演説などには耳を傾けない、以下にまばらな国連総会の観客を前にして、熱い西サハラ支援演説を繰り広げたアフリカ大統領たちを紹介する。

２０１４年９月24日、南アフリカ大統領ジャコブ・ズマは、「南アフリカは、自由と民族自決権を求めて闘う西サハラ人民を、支援し続ける」と、国連総会の基調演説で宣言した。そして、「南アフリカは、違ったパターンの占領と植民地支配に苦しむパレスチナ人民の闘いも、西サハラ人民と同様に支持する」と、約束した。

９月25日、ジンバブエ大統領ロバート・ムガベは、「アフリカは、我らの大陸に今も残っている最後の植民地・西サハラ問題に深く関与し続けている」と、ＡＵ・アフリカ連合の西サハラに対する連帯を強調した。さらに、「これからも、アフリカはアフリカ最後の植民地・西サハラが解放されるまで支援の手を差し伸べる」と、繰り返した。

９月25日、タンザニア共和国大統領ジャカヤ・ムリショ・キクウェテも国連総会の基調演説で、「昨年に続いて今年もタンザニアは、国連総会と国連安保理に、変わらぬ宣言をする。それは、西サハラ問題の解決に向けて、可能な限りのあらゆる努力を惜しまないという誓いだ。アフリカから植民地を無くさなくてはいけない」と、表明した。

９月26日、ナミビア共和国大統領ヒフィケプンジェ・ポハンバも、同じく国連総会で、「西サハラに関する国連の行動に対して、全面的に支持するように」と、国際社会を促した。その上で、「西サハラ人民が不動の民族自決権を実現できるよう

〈テイファリティへようこそ〉の看板が褪せてきた国連 PKO テイファリティ基地。

に、働きかけるのは国際社会の義務だ」と、煽った。

アフリカ最後の植民地解放は国連住民投票で！

「我々の未来は平和的に民主的に投票で決める」と、カタルーニャの政治家・リカルド・ジェネは語る。

カタルーニャはもともとスペイン中央部とは違う言葉や習慣や法律を持つ独立国だった。スペインでは、忘れちゃいけない独立予備軍に、スペイン北部のバスク自治州がある。この地方はカタルーニャ以上に独立心が旺盛で、〈エタ〉と呼ばれる軍事組織がスペイン中央政府と戦ってきた。バスク自治州は西サハラの独立運動を強く支援し、西サハラ・バスク友好協会を作り、バスクの州都には、西サハラ大使館を置いている。

２０１４年9月の初めに、アネとホセを団長とするバスクの人権組織がモロッコ占領地・西サハラに、西サハラ住民投票と人権侵害調査のため入った。しかし、目的地のダハラ漁港に着いた9月11日に、モロッコ占領当局の手で追放されてしまった。

カタルーニャ、バスクに続いて、ナバラ、カナリア諸島、ムルシア、エストレマドゥーラとスペインの諸州は中央政府と関係なく西サハラと友好関係を結んでいる。殊にエストレマドゥーラ州議会はＲＡＳＤサハラ・アラブ民主共和国を正式に国家として承認している。スペイン住民投票の行方は、西サハラ住民投票を切望している西サハラ住民にとって、〈他人ごとではなく、我がこと〉なのだ。

いまや、〈住民投票〉でその地域の〈あり方〉を決めることは、日本も含めて世界の常識になってきた。

西サハラ住民は四半世紀にわたって、国連西サハラ住民投票を待ち続けてきた。アフリカ最後の植民地・西サハラの解放は、国連主催の住民投票しかない。

一日も早く、〈国連西サハラ住民投票〉をやりましょう！

なっている。フランス名は〈La Republique Arabe Sahraouie Democratique〉

Slave Treaty（奴隷貿易）

ヨーロッパ人は、アフリカの黒人をヨーロッパや新大陸アメリカや西インド諸島に商品として輸出した。16世紀から19世紀にかけて、ヨーロッパ列強は特許会社を作って奴隷商売を競った。1833年イギリスが、1848年にフランスが、1863年にアメリカが奴隷制度を廃止したが、奴隷の売買は続いた。

UN（United Nations、国際連合）

1945年10月24日、国際連合が正式に発足した。国連と略した名前で呼ばれることが多いので、本書でも大部分を国連と称している。2014年現在の加盟国は193か国で、六つの主要機関とその下部機関からできている。ニューヨークに本部を置いている。

UNHCR（国連難民高等弁務官、The United Nations High Commissions for Refugees）

1951年、難民問題解決の為に設けられた国連機関。難民とは、人種、宗教、国籍、政治的信条などが原因で迫害を受ける恐れがあるため国外に逃れ、自国の保護を受けられない人々を指す。最近では、この狭義の難民に加え、国内国際紛争や飢餓などから逃れようとして国境を越えることを強いられた人々も対象にし、UNHCR は援助している。

UNSC（United Nations Security Council、国際連合安全保障理事会）

国連に於けるもっとも重要な機関で、略して安保理と呼ばれることが多い。国際平和と安全の維持に主要な責任を負う。加盟国に対し、軍事力による封鎖、経済と外交手段の中断、国連軍の創設、派遣の強制措置を取れる。決定は全加盟国に及び、加盟国は決定に従って兵力や施設などの提供をする。5 常任理事国と10非常任理事国で構成される。5常任理事国は拒否権を持つ。

WFC（United Nations World Food Programme、国連世界食糧計画）

1961年国連総会と FAO 国連食糧農業機関の決議により、創設された。世界の食糧増産と貿易安全保障を企画する。ローマに拠点を置く。

本来はモロッコ地方に住むベルベル人だったそうだが、7～8世紀にかけてイスラム軍に征服され、改宗混血したと言われている。後にスペイン人は〈モロス〉と呼び、その英語読みが〈ムーア〉。

NAN（Non Aligned Nations、非同盟諸国）

かつての東西両陣営対立時代、その両方に属さず、植民地主義の清算を目指した国々を指す。アジア、アフリカなどの中立諸国が1955年、インドネシアのバンドン会議で、その理念を採択。1961年9月にベオグラードで〈第一回非同盟諸国首脳会議〉が開かれた。2009年の時点で、118か国が参加し、16か国がオブザーバー参加している。が、ソ連崩壊後、新たな路線展開を探っている。

PKO（Peace Keeping Operations of the UN、国連平和維持活動）

戦闘が目的ではなく、あくまでも中立的な平和維持や軍事の監視が目的。世界の紛争地域に派遣されている国連の組織。

POLISARIO（ポリサリオ戦線、Frente Popular para la Liberacion de Saguia el Hamra y Rio de Oro、という超長いスペイン名の略）

上記のスペイン名を日本語に訳すと〈サギア・エル・ハムラとリオ・デ・オロ解放のための人民戦線〉となる。サギア・エル・ハムラ（赤い涸れ川の意味）は西サハラ北部のアラビア語地名で、リオ・デ・オロ（金の川の意味）はサハラ南部のスペイン語地名である。ポリサリオ戦線・西サハラの解放運動組織は1973年にエルワリが創設した。

RFK Center（Robert F. Kennedy Center for Justice & Human Rights, 正義と人権のロバート・ケネデイー・センター）

1987年に創設されたこの団体は、ニューヨークに本部を置き、世界の平和人権活動家たちを支援している。所長は暗殺されたロバート・ケネデイーの娘、ケリー・ケネデイーで西サハラの人権活動を支援している。

SADR（Saharawi Arab Democratic Republic、サハラ・アラブ民主共和国）

1976年2月27日、ポリサリオ戦線が創った西サハラ難民亡命政府。アルジェリアのティンドゥフにある西サハラ難民キャンプが拠点に大戦以降の脱植民地化は国連が推奨し、「住民の自決以外の原則はありえない」と明言している。脱植民地化は平和的に行われる場合もあれば、住民による武装革命で行われることもある。

EU（European Union、ヨーロッパ連合）

1967年ヨーロッパ7か国で設立したEC（ヨーロッパ共同体）が発展したもの。2015年現在、28か国が加盟。ブリュッセルに本部を置き、統一通貨などを軸にヨーロッパ経済統合を目指しているが、難問題が山積。

FAO（Food and Agriculture Organization of the United Nations 国連食糧農業機関）

1945年10月16日設立。本部をローマに置く、国連専門機関。食料、栄養についての普及や援助が目的。飢餓問題も取り扱う。

ICJ（International Court of Justice、国際司法裁判所）

1945年、国連の司法組織として設立された。オランダのハーグにある。国際的係争事件を審理するが、絶対的命令権はない。国連加盟国は自動的に加入国となる。

IRC（International Red Cross, 国際赤十字）

国際赤十字委員会、赤十字社連盟、各国赤十字社の三者を合わせた総称。最高決議機関として4年に一回、〈赤十字国際会議〉を開く。第一回は1867年にパリで開催された。

Maghreb（マグレブ）

北アフリカ北西部の総称。アラビア語の〈ガルブ〉（西）から派生した言葉。マグレブ連合は、チュニジア、リビア、アルジェリア、モロッコ、モーリタニアによって、1989年2月に経済協力を目的として作られた。

MINURSO（Mission des Nations Unies pour l'Organisation d'un Referendum au Sahara Occidental というフランス名の略、国連西サハラ住民直接投票監視団）

西サハラ住民が独立かモロッコへの帰属かを決める住民投票を、監視し支援するため、1991年4月29日に国連安保理で承認された組織。

Moors（ムーア人）

頭文字略語と外国語名称のミニ解説

AI（Amnesty International, 政治犯救済国際委員会）

1961年５月、ロンドンで発足。信条や人種、言語などを理由に投獄、拘禁、抑圧を受けた〈良心の囚人〉の救援が目的

AU（African Union, アフリカ連合）

1963年５月25日に創設のOAU（アフリカ統一機構）が、発展改組したアフリカの統合組織。2002年７月９日、エチオピアのアディスアベバに本部を置き、正式発足した。2015年現在、モロッコを除くすべての54アフリカ諸国が参加。RASD（西サハラ・アラブ民主共和国）も正式加盟国として承認されている。

AL（Arab League. アラブ連盟）

1945年３月、アラブの７か国がカイロで発足させた組織。中東の平和と安全を確保し、アラブ庶民の主権を守ることを目的とする。2015年現在、パレスチナを含む21か国が参加している。シリアだけが参加資格を停止されている。

Berbers（ベルベル人）

北アフリカ沿岸地方の先住民族で、ベルベル諸語を話す人々の総称。ギリシャ語の〈バルバロイ（不思議な言葉を話す人の意味）〉が語源だと言われている。ベルベル人の先祖は、タッシリ・ナジェールなどで石器文化を創った人々（約１万年前）と推測されている。

Bedouins（ベドウィン、砂漠の民）

アラビア語のバドゥ（砂漠）が語源。アラブ系遊牧民の総称でもある。

Berlin Conference（ベルリン会議）

1884年11月～1885年２月にかけて行われた、アフリカ分割を巡る調整会議。一般にヨーロッパ列強による〈植民地縄張り会議〉として知られている。列強の対立にドイツが調停役を引き受け、ベルリンで開いた。

Decolonization（脱植民地化）

植民地が植民地支配国から独立を勝ち取ることを指す。第二次世界

参考文献・参考資料

Authony D.C.Hodges, Tony Hodges, 1994, *Historical dictionary of Western Sahara*, Scarecrow Press
Ministere de L'Information de la Culture de la R.A.S.D,1985, *La Republique Arabe Saharauie Democratique, Passe et Presen,* Ministere de l'Information de la Culture de la R.A.S.D
Ministere de L'Information de la Culture de la R.A.S.D, 2009～, *Information by Sahara Press Service*, Ministere de L'Information de la Culture de la R.A.S.D,
国連広報センター『国際連合の基礎知識』財団法人世界の動き社、1992
イスラミックセンタージャパン『イスラム入門シリーズ』イスラミックセンタージャパン、1978
ジャン・メイエール『奴隷と奴隷商人』創元社、1992
「TEAS 紛争と危機管理」研究班『西サハラをめぐる紛争と新たな文脈』株式会社パレード、2008
平田伊都子『赤いラクダ・ポリサリオ解放戦線体験記』第三書館、1996
平田伊都子『サハラの狼・エルワリの生涯』読売新聞社、1999
平田伊都子『アフリカ・西サハラ最新情報』日刊ベリタ、2009～

あとがき

「やってらんない！　もうこれ以上、国連が約束し放置している〈国連西サハラ住民投票〉など、待ってらんない！　西サハラ難民キャンプでもモロッコ占領地西サハラでも、西サハラの若者たちは武器を取る覚悟だ!!」と、２０１４年７月８日にジュネーブで、西サハラ青年同盟ＵＪＳＡＲＩＯという名の西サハラ難民組織が武装闘争の狼煙を上げた。

狼煙は、決断力と行動力に欠ける国連に対する脅しに過ぎないと判断したものの、西サハラを思う日本人たちは心を痛めている。西サハラの若者が憧れる〈アラブの春〉は贋物にすぎないし、暴力は敵に〈テロリスト〉との言質を与えてしまう。ここはもうひと踏ん張り、平和解決を約束した国連と国際社会の尻を叩く、それもきつくあらゆる手段を使って叩くことが得策だと、日本人たちは信じている。

２０１３年６月初旬、横浜でアフリカ開発会議ＴＩＣＡＤＶが開催され、私たちは、西サハラをこの会議に招待してもらおうと署名を集めた。が、外務省から断られた。

以下に、私たちの切なる要望書と要望賛同者を紹介する。

〈サハラ・アラブ民主共和国をＴＩＣＡＤ-5へ招待〉の要望書　２０１３年吉日

「私たちは、日本がＡＵ正式加盟国ＲＡＳＤサハラ・アラブ民主共和国をＴＩＣＡＤＶに何らかの形で招待されることを、改めて要望いたします。ＡＵ加盟54か国のうちＲＡＳＤサハラ・アラブ民主共和国のみがＴＩＣＡＤⅤに招かれていません。

石油・天然ガス・希少金属などの鉱物資源と漁業資源が眠る西サハラは、まさに〈アフリカに於ける平和経済フロンティア〉です」

（招待要望者）池田久志、石川清子、石川雄一郎、石川優、石川淑子、石村早憙子、猪俣良樹、宇井真博、生方幸夫、大貫康雄、大野和興、大林稔、恩田悟、川名純二、川名敏之、菊谷円、北川千枝子、清宮美雅子、楠侑子、熊谷均、近藤勝、桜井均、澤田玲朗、四方功一、杉山廣行、末次圭介、首藤信彦、高桑和子、高里良男、滝沢三郎、高巣真悟、谷口侑、田中伊織、田村勝己、中島繁治、平田伊都子、平田俊博、平田博治、松野明久、増田達、森脇靖彦、吉田光彦、渡辺真美、（あいうえお順、敬称略）

今、日本のリーダーシップでアフリカ最後の植民地紛争を平和裏に解決できないかと、日本の有志が模索し始めた。日本を動かすリーダーの方々が、思いを書き綴ってくださった。大野和興・日刊ベリタ編集長は西サハラ最新情報を流し続けてくださっている。そして、松田健二社会評論社代表が〈ラストコロニー西サハラ〉の出版を引き受けてくださった。ただただ、感謝あるのみです。

平田伊都子（Itsuko Hirata）
大阪生まれ、ジャーナリスト。著書に「カダフィ正伝」「ピースダイナマイト・アラファト伝」（以上集英社）、「サハラの狼」（読売新聞）、「悪魔のダンス・サダムの小説」（徳間書店）「ジプシーの少女に会った（絵本）」（福音館）、「教えてイラクの戦争、今、むかし（絵本）」（汐文社）、「アラビア語の初歩の初歩」その他初歩シリーズ絵本（以上南雲堂）、「プロヴァンスのジプシー」「Yes I can with OBAMA」（以上南雲堂フェニックス）など多数ある。
SJJA（サハラ・ジャパン・ジャーナリスト・アソシエーション）代表。

川名生十（Kiju Kawana）
北海道生まれ、国際フォトジャーナリスト。カダフィー大佐、アラファト・パレスチナ大統領、ラフサンジャニ・イラン大統領、シェイク・モハンマド・ドバイ首長、アブデル・アジズ西サハラ大統領、ボカサ中央アフリカ皇帝などの撮影。WSJPO（西サハラ日本代表事務所）代表

ラストコロニー西サハラ

2015年5月22日　初版第1刷発行

著　者：平田伊都子
写　真：川名生十
装　幀：吉永昌生
発行人：松田健二
発行所：株式会社 社会評論社
東京都文京区本郷2-3-10　☎03(3814)3861　FAX 03(3818)2808
http://www.shahyo.com/
組　版：スマイル企画
印刷・製本：倉敷印刷